2022年主题出版重点出版物
全国高校出版社主题出版

◇ 国家社会科学基金重大项目"大数据驱动地方治理现代化综合研究"（项目批准号：19ZDA113）成果
◇ 华中科技大学文科学术著作出版基金资助成果
◇ 华中科技大学文科"双一流"建设项目基金资助成果
◇ 华中科技大学自主创新研究基金"公共卫生安全、超大城市治理与国家治理现代化"项目资助成果
◇ 教育部首批虚拟教研室建设试点"社会认识论人才培养模式改革虚拟教研室"建设成果

2022年主题出版重点出版物
全国高校出版社主题出版

国家治理现代化的中国智慧

欧阳康◎著

华中科技大学出版社
http://press.hust.edu.cn
中国·武汉

作者简介

1953年生，四川资阳人。哲学博士。华中科技大学原党委副书记，华中科技大学国家治理研究院院长、哲学研究所所长，华中科技大学社会认识论人才培养模式改革虚拟教研室带头人（主任），国家治理湖北省协同创新中心主任，湖北地方治理研究院院长，"华中学者"领军岗教授，哲学学院二级教授、博士生导师。1992年起享受国务院特殊津贴，1996年被评为湖北省"有突出贡献中青年专家"，1999年入选教育部"跨世纪优秀人才"、人事部"百千万人才工程"，2019年入选中组部国家"万人计划"教学名师、湖北省首届"最美社科人"，2020年入选教育部"长江学者奖励计划"特岗学者。国务院学位委员会第六、七届马克思主义理论学科评议组成员，教育部社会科学委员会委员，中国辩证唯物主义研究会副会长、社会认识论专业委员会会长，湖北省人民政府咨询委员会委员等。在《中国社会科学》《哲学研究》等发表中英文学术论文400余篇，获国家、教育部和湖北省哲学社会科学优秀成果奖20余次，主持国家、省部级和国际合作科研项目20余项，多次出国出境从事学术交流与合作研究。主持完成教育部哲学社会科学研究重大课题攻关项目"马克思主义与建设中华民族共有精神家园研究"和"推进国家治理体系和治理能力现代化若干重大理论问题研究"，中宣部马克思主义理论研究和建设工程特别委托项目、国家社会科学基金特别委托项目"重大突发疫情对社会心态和思想舆论的影响研究"等，目前为国家社会科学基金重大项目"大数据驱动地方治理现代化综合研究"首席专家。

内容提要

《国家治理现代化的中国智慧》以习近平新时代中国特色社会主义思想为指导,带着强烈的问题意识,着眼全球治理变局和中国和平崛起使命,从中华民族伟大复兴的时代高度,围绕新时代党和国家事业的历史性成就和历史性变革,立足中国国家治理理论与实践的创新探索,深刻解读成就背后的道路、理论、制度和文化优势,特别是基层治理、绿色发展和全球治理领域"中国之治"的逻辑演进和创新优势,国家治理体系若干问题的建议对策和理论研究,以及中国应对突发公共卫生事件凸显的中国态度与中国贡献的深度思考。本书注重理论性和实践性结合,兼顾学术性、历史性与可读性,具有鲜明时代特色,有益于深度理解全球国家治理中的中国方案和中国智慧。

目 录

开　篇　国家治理现代化的中国智慧 / 1

第一章　中国之治的战略定位 / 6
第一节　国家治理现代化的使命与境界 / 7
第二节　"中国之治"及其世界意义 / 9
第三节　中国共产党百年奋斗的世界意义 / 17

第二章　国家治理现代化的核心保障 / 21
第一节　新时代中国共产党人的精神升华 / 21
第二节　伟大抗疫精神是中国精神的生动体现与时代升华 / 33
第三节　党的百年奋斗如何从根本上改变中国人民的
　　　　前途命运 / 38

第三章　国家治理现代化的中国道路 / 43
第一节　中国式现代化新道路新在哪里 / 43
第二节　中国特色社会主义现代化道路的生成逻辑 / 48
第三节　中国现代化实现跨越式发展的几个核心要素 / 55
第四节　多维探析中国式现代化新道路 / 63

第四章　国家治理现代化的学理旨趣 / 69
第一节　当代中国马克思主义的使命与境界 / 70
第二节　中国式现代化新道路的演进逻辑、核心价值与
　　　　比较优势 / 83
第三节　中华民族伟大复兴战略全局的核心价值与建构逻辑 / 99

第四节 21世纪马克思主义的研究视域与重大问题 / 114

第五章 国家治理现代化的价值支撑 / 123
第一节 多元进程中的公共价值与国家治理现代化 / 123
第二节 历史进步视野中的英雄与新时代文明形态构建 / 127
第三节 文明交流互鉴的亚洲宣言 / 136
第四节 后疫情时代人类实践变革与马克思主义发展的新要求 / 141

第六章 提升治理效能的科学策略 / 160
第一节 制度优势转化为治理效能的内在机理 / 161
第二节 发挥人民政协制度优势提升中国国家治理效能 / 175
第三节 城市治理应当成为国家治理的标杆 / 180
第四节 智库使命与咨政智慧的多维思考 / 182

第七章 全球治理的中国方案借鉴 / 191
第一节 全球治理变局与中国治理能力的时代性提升 / 191
第二节 公共卫生安全与国家治理现代化 / 196
第三节 后疫情时代的世界体系演变与价值观重构 / 201

结　语　直面高风险和不确定世界　促进人类文明进步 / 208

参考文献 / 213

后记 / 214

开 篇

国家治理现代化的中国智慧[①]

经过改革开放40多年的努力,中国形成了具有独特优势、适应基本国情和发展要求的国家治理体系和治理能力。在推进国家治理现代化进程中,我们党坚持以提高执政能力为重点,提炼科学的治理思想,明确治理现代化的目标部署。当前,深入推进国家治理体系和治理能力现代化,需要不断完善国家治理体系,坚持和加强党的全面领导,坚持以人民为中心,坚持全面依法治国,发挥社会主义协商民主的重要作用,提升改革的系统性、整体性、协同性。

国家治理体系和治理能力是一个国家制度完备程度和执行能力的集中体现。改革开放以来,我们党以全新的视角思考并探索国家治理的相关问题,取得了重要成果。党的十八届三中全会提出,全面深化改革的总目标是完善和发展中国特色社会主义制度,推进国家治理体系和治理能力现代化。不断提升国家治理现代化水平,使中国特色社会主义制度更加成熟、更加定型,这是摆在我们面前的一项重大历史任务。我们党坚持党的领导、人民当家作主、依法治国有机统一,全面深化改革,不断增强和发挥中国特色社会主义制度优势,形成了推进国家治理体系和治理能力现代化的中国经验和中国智慧。

---

① 欧阳康.国家治理现代化的中国智慧[N].人民日报,2018-10-26(7).(有修改.)

一、以提高党的执政能力为重点

中国共产党作为中国特色社会主义事业的领导核心，其执政能力高低在很大程度上决定着国家治理水平的高低。在推进国家治理现代化进程中，我们党以提高执政能力为重点，把加强自身建设与提高国家治理能力紧密结合起来。正如习近平同志指出的："只有以提高党的执政能力为重点，尽快把我们各级干部、各方面管理者的思想政治素质、科学文化素质、工作本领都提高起来，尽快把党和国家机关、企事业单位、人民团体、社会组织等的工作能力都提高起来，国家治理体系才能更加有效运转。"

理论是实践的先导，思想建设是党的基础性建设。在改革开放的伟大实践中，我们党不断推进马克思主义中国化，与时俱进推进理论创新，同时又用创新理论不断指导新的实践。围绕国家治理这个重大课题，我们党进行了许多理论思考，逐步形成科学的思想指引。党的十八大以来，以习近平同志为核心的党中央在国家治理上提出一系列新观点、新论断：明确提出国家治理体系和治理能力现代化的命题，强调这是坚持和发展中国特色社会主义的必然要求，是实现社会主义现代化的应有之义；强调完整理解和准确把握全面深化改革的总目标，即完善和发展中国特色社会主义制度、推进国家治理体系和治理能力现代化，这两句话是一个有机整体；强调坚定制度自信，一个国家选择什么样的治理体系，是由这个国家的历史传承、文化传统、经济社会发展水平决定的，是由这个国家的人民决定的，对于国家治理体系怎么改、怎么完善，我们要有主张和定力；等等。这些重要论断为推进国家治理体系和治理能力现代化提供了科学的指导思想和行动指南。

作为长期执政的党，要把治理现代化这场全面而深刻的社会变革进行好，我们党必须勇于进行自我革命，把自身建设得更加坚强有力。我们党始终注重执政能力建设，特别是党的十八大以来，以习近平同志为核心的党中央坚定不移全面从严治党,党的学习本领、政治领导本领、改革创新本领、科学发展本领、依法执政本领、群众工作本领、狠抓落实本领、驾驭风险本领得到全面增强。在党的领导下,经济、政治、文化、社会、生态文明等各领域体制机制改革统筹推进,为构建更完备、更稳定、更管用的制度体系打下坚实基础。

二、对推进国家治理现代化作出顶层设计和战略安排

推进国家治理现代化是一项宏大的系统工程,需要不断改革不适应实践发展要求的体制机制,使中国特色社会主义制度更加成熟、更加定型。党的十八大以来,以习近平同志为核心的党中央对完善和发展中国特色社会主义制度作出了顶层谋划和全面部署。党的十八届三中全会首次提出"完善和发展中国特色社会主义制度,推进国家治理体系和治理能力现代化",并将其作为全面深化改革的总目标。党的十八届三中全会研究全面深化改革问题,不是为了推进一个领域改革,也不是推进几个领域改革,而是推进所有领域改革,这是从国家治理体系和治理能力的总体角度考虑的。这表明,我们党对国家治理问题的思考和探索更加深入,对社会主义现代化建设有了更新更全面的认识和把握,治国理政实践也提升到全新境界。

党的十九大全面总结我们党治国理政的历史经验,对我们党不断提高运用中国特色社会主义制度有效治理国家的能力作出重要战略安排。党的十九大报告指出,到2035年基本实现社会主义现代化。从国家治理的角度看,到2035年时,人民平等参与、平等发展权利得到充分保障,法治国家、法治政府、法治社会基本建成,各方面制度更加完善,国家治理体系和治理能力现代化基本实现,现代社会治理格局基本形成。到本世纪中叶,把我国建成富强民主文明和谐美丽的社会主义现代化强国,实现国家治理体系和治

理能力现代化。从这一战略安排也可以看出,实现国家治理现代化不仅是建成社会主义现代化强国的突出标志,也是其有机组成部分和重要保障。

三、完善和发展科学的治理体系

改革开放40多年来,我们党带领人民不断深化改革、扩大开放,破除体制机制弊端、推进体制机制创新,为经济快速发展和社会文明进步提供了强大制度保障。在新的历史起点上推进国家治理体系和治理能力现代化,要不断完善和发展科学的治理体系,特别是要继续坚持党的领导、人民当家作主、依法治国有机统一,不断彰显中国特色社会主义制度的优势。

坚持和加强党的全面领导。国家治理包含方方面面,涉及的事务千头万绪,只有坚持和加强党的全面领导,才能做好制度的顶层设计,确保国家治理体系和治理能力现代化沿着正确方向前进,最终将党的领导这一中国特色社会主义制度的最大优势转化为国家治理的强大效能。

坚持以人民为中心。我国是社会主义国家,国家的一切权力属于人民,人民依照法律规定,通过各种途径和形式,管理国家事务,管理经济和文化事业,管理社会事务。人民群众既是国家权力的主体,也是国家治理的主体。坚持人民主体地位,保证人民当家作主,才能充分调动人民群众的积极性、主动性、创造性,最大程度凝聚人民群众的智慧与力量,共同推进国家治理体系和治理能力现代化。

坚持全面依法治国。法治是治国理政的基本方式,是完善和发展中国特色社会主义制度、推进国家治理体系和治理能力现代化的重要方面。全面依法治国是国家治理的一场深刻革命。推进国家治理体系和治理能力现代化,必须坚持全面依法治国,为党和国家事业发展提供根本性、全局性、长期性的制度保障。

发挥社会主义协商民主的重要作用。协商民主包括政党协商、人大协商、政府协商、政协协商、人民团体协商、基层协商以及社会组织协商等多种形式。协商民主是我国社会主义民主政治的特有形式和独特优势,是党的群众路线在政治领域的重要体现。通过发挥社会主义协商民主的重要作用,把各民族、各党派、各阶层、各方面人民最广泛地团结起来,把方方面面的力量汇聚起来,形成推进国家治理体系和治理能力现代化的强大合力。

注重改革的系统性、整体性、协同性。推进国家治理体系和治理能力现代化是一项系统工程,靠零敲碎打不行,靠碎片化修补也不行,应使各个领域、各个方面的改革形成联动,因而必须更加注重改革的系统性、整体性、协同性。在推进国家治理体系和治理能力现代化过程中,要把长远制度建设同解决突出问题结合起来,把整体推进同重点突破结合起来,把试点探路同推动面上改革结合起来,把改革创新同法律法规立改废释结合起来,把破除体制机制顽疾同解决新出现的矛盾问题结合起来,从而形成总体效应,取得总体效果。

第一章

中国之治的战略定位

新中国成立70多年创造的经济快速发展和社会长期稳定两大奇迹,展现了中国特色社会主义制度的巨大优越性。中国特色社会主义制度和国家治理体系,是管用、成功的。在经济持续快速发展、利益格局深刻调整的背景下,中国长期保持社会和谐稳定、人民安居乐业,成为国际社会公认的最有安全感的国家之一。"中国之治"根植于中国历史和现实土壤,彰显中国特色社会主义制度的巨大优势和治理效能,其根本目标是为中国人民谋幸福,为中华民族谋复兴,为世界谋大同。

从历史发展视野和国际比较视野来看,中国的发展集中体现了发展中国家现代化的问题,中国治理借鉴了人类各式现代化模式的特点和优点,并根据自身国情和制度进行了新的整合创造,不仅很好地促进了中国的快速健康发展,也为世界各国的发展贡献了中国方案和中国智慧。"中国之治"为世界后发国家的现代化带来方法论启示,即始终坚持一种"以人民为中心"的改革开放和发展创新的哲学,始终面向现实问题来探寻适合各国国情的发展道路,始终立足本国实际努力并行进在人类文明发展大道上。

第一节　国家治理现代化的使命与境界①

当前,中国正在推进国家治理体系和治理能力现代化,这意味着国家治理正处于改革发展之中。这种改革发展既是一个渐进的过程,需要延续与传承,又是一个跃迁的过程,需要变革与创新。这就要求我们不断推进国家治理的理论创新和实践创新,更好发挥传统治理优势,不断创造新的治理优势,把两个优势内在地结合起来,为中国国家治理注入新的内容与活力,持续提升国家治理现代化水平,也有可能为人类对更加理想的社会制度的探索提供中国方案。推进国家治理现代化是一项系统工程、战略工程,当前需要强化三种意识。

一、强化使命意识,明确国家治理现代化的战略定位

党的十九大报告把全面建设社会主义现代化国家新征程分为两个阶段,国家治理体系和治理能力现代化既是全面建成社会主义现代化强国的必要保障,也是全面建成社会主义现代化强国的重要指标。

第一个阶段,从2020年到2035年,在全面建成小康社会的基础上,再奋斗15年,基本实现社会主义现代化。在这个阶段,从国家治理的角度看,要实现的目标就是"人民平等参与、平等发展权利得到充分保障,法治国家、法治政府、法治社会基本建成,各方面制度更加完善,国家治理体系和治理能力现代化基本实现","现代社会治理格局基本形成,社会充满活力又和谐有序"。

---

① 欧阳康.推进国家治理现代化需要强化三种意识[N].人民日报,2018-09-05(10).(有修改。)

第二个阶段,从 2035 年到本世纪中叶,在基本实现现代化的基础上,再奋斗 15 年,把我国建成富强民主文明和谐美丽的社会主义现代化强国。到那时,"我国物质文明、政治文明、精神文明、社会文明、生态文明将全面提升,实现国家治理体系和治理能力现代化"。

由此可见,推进国家治理现代化与全面建设社会主义现代化国家是紧密联系的,推进国家治理现代化是实现社会主义现代化的题中应有之义。我们必须从这样的战略高度来强化使命意识,把推进国家治理现代化摆在重要位置。

二、强化历史意识,吸取中国国家治理的历史智慧

历史研究是学术研究的基础,也是实践创新的前提。中华文明 5000 多年的发展史留下了丰富的历史经验和思想智慧,可以给我们许多启示与借鉴。深入研究中国国家治理理念、制度、政策、行为等的历史发展进程,可以更好总结历史经验、汲取历史教训、掌握客观规律、提升决策水平。

因此,强化历史意识,吸取中国国家治理的历史智慧,可以使当代中国的国家治理体系和治理能力现代化获得丰富的历史经验、具有坚实的历史基础。也应看到,虽然社会发展的连续性和传承性决定了历史演变规律会延续并影响到今天,但社会不断进步又决定了今天不可能是昨天和前天的简单延续,一定要因时而变、随事而制。这就要求我们在吸取中国国家治理的历史智慧时善于会通古今,勇于探索、超越与创新。

三、强化整合意识,提升国家治理的有效性

国家治理是一项系统工程,需要整合各种因素、各种力量,提升国家治理的有效性。强化整合意识,需要处理好一系列关系。

比如，要处理好加强顶层设计与发挥群众首创精神的关系。既要发挥好中央在战略设计和宏观布局方面统筹全局的作用，又要发挥好地方和人民群众的积极性主动性创造性，把自上而下与自下而上有机结合起来。

再如，要处理好法治与德治的关系，坚持依法治国与以德治国相结合。一方面，以刚性的法律与法治为社会主体划定行为底线与边界；另一方面，以柔性的美德提升人们的思想境界与价值追求。此外，在信息化深刻改变人们生产生活方式的时代条件下，国家治理要跟上科技发展的脚步，自觉运用科技手段提升现代化水平，为中国国家治理注入新理念、新技术、新动力。

总体上看，我们只有通过最大限度的创新与创造，把传统优势与创新优势发挥出来，才有可能超越自我、超越西方，不仅为中华民族伟大复兴提供制度和治理保障，也能为全球治理提供中国方案和中国智慧。

第二节 "中国之治"及其世界意义

中国共产党的百年历程，既是中华民族伟大复兴的百年历程，也是国际共产主义运动风云变幻的百年历程，还是世界百年未有之大变局的演进历程。中国共产党带领中国人民将社会主义与现代化在中国大地上成功地内在结合起来，走出了一条中国特色社会主义现代化道路，不仅将半殖民地半封建的旧中国建成了全面小康社会，也让科学社会主义在21世纪展现出特殊的魅力和光彩，这为世界上那些既希望快速发展又希望保持民族独立的国家和人民提供了全新的选择，彰显了中国国家制度优势和治理效能，展示出"中国之治"所具有的世界意义。"中国之治"何以具有世界意义？本节首先探析"中国之治"的中国意义，在此基础上探讨"中国之治"何以具有世界意义,进而提出"中国之治"对于其他国家可能具有的方法论启示。

一、"中国之治"在中国进步中彰显制度优势

"中国之治"之所以具有世界意义,其前提是"中国之治"促进了中国社会的巨大进步,展示出巨大的制度优势,取得强大的治理效能,获得特别的成功,具有特别的中国意义,才有可能具有世界意义。所以,"中国之治"的世界意义是以其中国意义作为必要前提和重要基础的。

就其目标而言,"中国之治"是为解决中国问题而产生的,其目的是使中华民族实现现代化,实现在中国特色社会主义现代化道路上的中华民族伟大复兴。因此,中国治理和中国道路是基于中国的历史和现实根基并指向中国的未来的,究其根本是要解决中国从一个半殖民地半封建的国家如何走向社会主义现代化的问题。尽管这个问题是当代世界普遍面临的问题,但是在中国显得尤为突出。

"中国之治"引起世界广泛关注,是因为就其功能而言,中国制度成为中国道路的重要的内在组成部分。通过"中国之治",中国共产党人在中国共产党成立以来的100多年、中华人民共和国成立的70余年,尤其是改革开放的40多年时间里不懈带领中华民族推动中国经济发展和社会进步,不断走近世界舞台的中央,彰显中国特色社会主义制度的巨大优势和治理效能。

党的十九大围绕实现"两个一百年"尤其是"第二个百年"的奋斗目标——要求在2035年基本实现社会主义现代化,在2050年建成社会主义现代化强国,作出战略部署。而与之相适应的,则是国家治理体系和治理能力由基本实现现代化到完全实现现代化。党的十九届五中全会明确要求在"十四五"时期,"国家治理效能要有新提升"。在这种意义上,首先要明确"中国之治"的根本目标是

为中国人民谋幸福,为中华民族谋复兴,在此基础上为世界谋大同。在中国共产党百年华诞之际,中国全面消除绝对贫困,全面建成小康社会,开启全面建设社会主义现代化国家新征程。中国共产党治国理政取得巨大成功,而且将面向未来谋求更大的成功。这是"中国之治"所具有的特殊的中国意义。

二、"中国之治"在多种维度上具有世界意义

那么,"中国之治"在什么意义上具有世界意义呢?我们可以从以下三个方面来探讨这个重大问题。

第一,"中国之治"是在中国走进世界现代化进程中生成的,中国问题与世界上很多发展中国家在发展目标和过程方面的问题具有相似性和相关性,使得其他相关国家能够从中国的发展中获得经验和教训,得到借鉴和启示。

中华民族走进世界现代化的过程,是世界各国共同谋求现代化的过程,但对于中国来讲,这个问题更具重要性和紧迫性。众所周知,中华民族曾经有过辉煌的历史,从唐宋开始直到1820年,中国处于全世界经济体系中最强盛的位置,1820年中国经济总额占全球经济总量的33%左右。但是自1840年以来中国屡战屡败,丧权辱国,割地赔款,占世界的经济比重直线跌落,到1949年甚至跌至4.6%。因此,中华民族的伟大复兴有两个前提:一是我们曾经有过历史上的辉煌,二是我们经历了近代的苦难。这种情况在世界范围内具有突出的典型性。

近代以来西方国家的发达是以殖民时代的形成为前提和条件的,现代化的全球性发展要求所有国家走出殖民时代,走进现代化,实现自主发展。中华民族的伟大复兴是在新中国成立70多年尤其改革开放40多年来的发展历程中不断推进的,在全力以赴走进世界现代化方面取得了极为巨大的成就。

中国在现代化进程中不断地向世界学习,向世界上最主要国

家发展历程学习。比如,新中国成立之初几乎是全盘学习苏联,基本上照抄了苏联模式,但在实践中却发现无法全盘照抄照搬;后来通过改革开放,向西方发达国家学习借鉴,引进了西方的市场经济、科学技术、现代教育等,获得了很大的进步,但是也发现存在很多问题。

正是在此过程中,中国既学习、借鉴世界各国已有的成功经验,又在此基础上不断地探索与创新,逐步走出了一条中国特色的建设与发展道路。在一定意义上可以说,中国走进世界现代化和全球化的历程,至今仍然是许多发展中国家继续在走的道路。

也许中国有意或无意之中走得好了一点,走得快了一点,进步的幅度更大,因此引起世界各国的关注。正是这种在发展目标和过程方面具有的相似性和相关性,使得其他的一些国家能够从中国的发展中获得经验和教训,得到借鉴和启示。

第二,"中国之治"汇聚了迄今为止人类现代化几乎所有模式的优点,展现出显著的比较优势。"中国之治"的最大特色是全方位学习世界现代化基础之上的中国式创新。

近代以来,世界各国在自己现代化、全球化的历程中走出了不同的道路,大体有五种主导模式:一是比较经典的西欧模式;二是以美国"五月花号"为代表的北美模式;三是苏联东欧以社会主义公有制发展的现代化模式;四是彰显亚洲价值观的东亚模式,比如新加坡、马来西亚、韩国和日本等;五是拉丁美洲国家在"华盛顿共识"指引下的现代化的模式。

可以说,中国积极学习了各种发展和治理模式中可借鉴之处,但是中国的道路却并非对其中任何一种治理模式的简单照抄照搬。中国坚持不断地学习探索与创新,形成具有鲜明中国特色的社会主义国家制度和国家治理之道。中国共产党十九届四中全会总结了中国国家制度和国家治理体系的13个显著优势,以及中国将要继续坚持完善的13种制度,并且指出了13个大的制度体系中包含着100项左右的具体制度性内容。

从国家治理体系与治理能力现代化建设的视角来看,中国共产党人一直关注制度建设问题,并通过持续的努力在今天达到如此宏观、全面、系统和缜密的思考,构成一个具有内在严密逻辑结构并全方位覆盖中国社会生活的国家治理体系。

当今中国国家制度和国家治理体系具有显著优势的原因,在于我们具有各种现代治理体系的优势,却又摒弃了各种传统治理体系的弊端。比如,推进马克思主义中国化,使之与中国的革命、建设和改革开放实际相结合,产生出全新的形态和丰富的内容;让社会主义超越传统模式而具备了鲜明的中国特色,展示出全新的生机与活力;让现代化融入中国道路,既使中国道路获得了全新的动力和内涵,又拓展了世界现代化的国际版图;促进中国优秀传统文化的创造性转化和创新性发展,不仅使其获得现代的气质和现代形态,也使当代中华文化变得更加厚重却又更加丰富多彩;把发展市场经济与保持政府宏观调控内在地结合起来,打造有效市场,构建有为政府,既保持经济活力,又保持社会协调有序;等等。

这里最难能可贵的就是我们把这些不同的甚至看似背反的因素内在地、有机地融合起来,构建起立足中国优秀传统而又融汇世界文明要素的中国特色社会主义现代化道路。这在人类文明史上、社会主义发展史上和中华文明发展史上都从来没有出现过,属于中国共产党人带领中国人民的独特创造。通过这种融合与创造,形成中国道路所独具的"中国智慧",又叫"中国优势"与"中国特色"。它们对世界其他的一些国家可能具有积极的借鉴意义。

第三,面向未来,当世界其他国家和中国一样面临着全球治理的变局和道路选择困惑的时候,"中国之治"无疑可以成为一种可供借鉴的"中国方案"或者叫"中国智慧"。

当前,世界各国都前所未有地陷入时代性道路选择与困惑之中。这给世界各国提出三个核心挑战:一是人类有没有共同的道路?二是人类有没有更好的道路?三是各国应该选择什么样的各自道路?这里对于发展中国家的最大的困惑在于,如何既能谋求快速发展又能保持自身的独立。很多国家在这方面留下了历史的遗憾。

　　针对这个问题，中国共产党人经过几十年的努力，明确给出了自己清晰的回答，即中国不仅坚定不移地坚持和完善中国特色社会主义国家制度，推进国家治理现代化，继续努力把中国自己的事情做好，还要坚定不移地坚持多边主义，旗帜鲜明地反对各种形式的单边主义、霸权主义，反对逆全球化潮流，努力构建人类命运共同体，帮助世界各国走合作共赢的共同发展道路。

　　为中国人民谋幸福，为中华民族谋复兴，为世界谋大同，这无疑会引起更多国家的热切关注和共鸣，也会引发他们的积极思考和自主探索！

三、中国道路对于世界各国的方法论启示

　　我们已经看到，中国道路是为解决中国问题而生成的，中国智慧是属于中国的，但由于中国问题与当前世界上很多国家所面临的问题是相似的，由此"中国之治"的很多方面对其他国家会有借鉴和启示意义。然而，这里也应该指出的是，任何国家都不应该也不可能照搬照抄中国道路和中国经验。习近平总书记曾经指出，我们从来不简单"输入"外国模式，也不"输出"中国模式。如果外国朋友愿意从中国的发展道路中寻求借鉴，也许可以参考以下三个方面的思想原则和方法论启示。

　　第一，始终坚持一种"以人民为中心"的改革开放和发展创新的哲学。中国共产党建党100多年、新中国成立70多年、改革开放40多年来最重要的经验，就是始终坚持以人民为中心，并为此不断地深化改革、扩大开放、促进发展、推进创新，这是一种特别重要的哲学和心态。

　　中国共产党执政的初心和使命，就是为中国人民谋幸福、为中华民族谋复兴。根据这一根本性的价值目标，我们的生产力和生

产关系、经济基础和上层建筑都需要不断改革和发展。因此,我国由改革开放走向全面深化改革和扩大开放,这是党的十八大以来党中央治国理政极为重要的经验。

即便中国已经取得了巨大的成功,但面对世界的复杂形势和严峻挑战,我们的回答是,改革开放只有进行时,没有完成时。不管风吹浪打,都应坚定不移地继续往前走,永远不停步。"将改革进行到底",这是中国共产党和中国人民的决心和勇气,也是实践进步的强大动力。这种思想境界和哲理定位是一定可以让世界各国人民从中得到启示的。

第二,始终面向现实问题来探寻适合各国国情的发展道路。世界各国各自有各自的国情,都需要探索,也只能走适合自己国情的发展道路,才能获得成功。当今世界,各个国家、各个民族仍然生活在地球上的不同地域,对自然资源的占有也存在着数量、内涵、广度和深度的巨大差异,同时各自又具有非常不同的历史传统文化,具有非常不同的生产方式、生活方式、交往方式、思维方式,等等。所有的国家治理模式离开了自己的历史传统和现实根基,就很难说是有效的。那么,如何更好地发现各自历史和现实中存在的问题,探寻适合自己的发展道路?这里最重要的是思想探索和实践创新。

回顾历史,可以看到中华人民共和国成立以后,尤其是改革开放以来,历届中国领导人都把解决中国问题作为中国共产党治国理政的重要前提。中国共产党每一届中央委员会都会重点研究本届委员会面临的重要理论和实践问题,不断推进中国特色社会主义现代化的理论创新和实践创新,由此有了毛泽东思想、邓小平理论、"三个代表"重要思想、科学发展观、习近平新时代中国特色社会主义思想。历代的中国共产党领导人都根据各自所处的时代和所面临的国际国内形势,不断地将当时全球治理变局转化为中国发展的战略机遇,探索和解决中华民族怎么样从站起来、富起来到真正强起来的时代性问题,并把中国社会进步不断推向新的阶段。所以,从自己的问题出发,各国才能探寻到自己能够走的正确发展道路。

第三,始终立足本国实际,努力行进在人类文明发展大道上。认清本国的国情才能探索适合自己的发展道路,但就其方向而言,必须确保自己的发展道路属于人类文明发展方向和道路。在人类文明发展进程中存在着不同的发展道路,不同的道路是否合理和合适、是否有效,一方面看其是否符合本国国情,另一方面看其是否符合人类文明的进步方向。近代以来,并非所有国家的道路选择都是正确的,其根本点就在于,是否符合人类文明大道,是否将所在国家的发展与人类文明发展的方向内在结合起来。

这些年来,我们先后看到了苏联东欧社会主义阵营的解体,看到了曾经创造"东亚奇迹"的一些国家和地区先后陷入严重的经济危机,也看到了"华盛顿共识"指导下的拉美国家陷入"拉美陷阱",而世界上最发达的美国也曾经遭遇2008年的严重金融危机,全球新冠疫情期间,美国国内还引发了种族危机、经济危机、政治危机等。今天的全球治理体系也正遭遇着单边主义、保守主义和霸权主义等的负面影响,使很多国家的发展受到牵连。

如何看待人类文明发展?中国共产党人的最大愿望和优势就是不仅努力让中华民族永远走在人类文明发展的大道上,还要与世界各国人民一道构建人类命运共同体。新中国成立70多年来,我们由"跟着走"逐渐到"同步走",现在开始在一些领域要"领先走"。当中国在一些领域进入领先行列的时候,我们保持着非常谨慎的态度,我们努力在思想上和实践中探索未来人类文明发展的合理方向和健康发展道路。

所以,中国共产党人在努力谋求中国自身发展的进程中始终倡导多边主义,主张合作共赢,还提出"一带一路"倡议。其重要的目标,就是希望世界各国人民能够实现共商共建共享,在这一基点上来构建人类命运共同体。这样的世界视野,既传承了中国人兼济天下的情怀,又符合世界和各国人民的发展需要与共同利益,是有可能得到积极响应并促进其合作共赢的。

第三节　中国共产党百年奋斗的世界意义

十九届六中全会决议在总结中国共产党百年奋斗的历史意义时深刻指出，中华民族伟大复兴深刻改变了世界历史进程。这个问题在本质上就是中国共产党百年奋斗的世界意义。中国共产党通过百年奋斗，运用马克思主义指导，把社会主义和现代化与中国优秀传统文化内在地结合起来，把马克思主义与中国优秀传统文化内在结合起来，成功地走出了一条中国特色社会主义现代化的道路，创造了中国式现代化新道路，创造了人类文明新形态。这深刻地改变了世界历史进程，具有重要的世界意义。

首先，彰显新全球化时代的国际正义。中国共产党通过百年奋斗带领中国人民争取了民族独立和人民解放，对于进一步消除全球性的殖民主义时代作出了重要的贡献，以中国的独立自主发展彰显新时代国际正义。

世界近代化、现代化和全球化的进程有一个重要的前提条件，就是历史上一些西方发达国家分割世界版图，把世界上贫穷落后的国家作为自己的殖民地或半殖民地，以极为残酷的手段直接或者间接地掠夺这些不发达国家的各种资源，包括自然资源、人力资源等。因此，西方资本主义的发展和进步实际上是以对另外一部分国家和民族的压迫、奴役和剥削作为条件的，这是严重违背国际正义的。

第二次世界大战，世界殖民体系开始瓦解，但是一些发达国家仍然以特殊的方式控制着世界上很多国家，使得它们尽管一度获得了经济快速发展，却仍然无法保持自身的经济、政治和军事独立。即便是像日本和韩国这样发达的国家仍然依赖美国的军事保护并难以保持自身的政治独立。中华民族伟大复兴从根本上改变了这样一种状况。

近代以来,中国丧权辱国,割地赔款,变成了一个半殖民地半封建的国家。中国共产党带领中国人民通过百年奋斗,打败日本帝国主义,争取自身的民族独立和人民解放,也参与到世界反法西斯联盟,站在全球正义和人类文明的道义高地,反对帝国主义和国际的资本主义,发挥中流砥柱作用,不仅仅改变了中国人民的命运,让中国人民和中华民族站起来了,也支援了世界各相关国家的民族独立和人民解放事业,推动着人类文明进步。

其次,彰显中国特色社会主义的国际价值。中国共产党带领中国人民走上中国特色社会主义道路,对于世界社会主义作出了巨大贡献。一是从社会主义的世界性传播来说,使其由欧洲革命经过俄国革命进入拥有世界上最大人口数量的中国,极大地扩展了社会主义在世界的版图。二是从社会主义的性质来说,使其由传统社会主义进入中国特色社会主义,更加符合中国实际,更能发挥出巨大作用。三是从苏联解体和东欧剧变来说,在社会主义阵营不复存在,西方学者宣布"历史的终结",否认社会主义前途命运的特殊背景下,中国特色社会主义与现代化内在结合,展示出强大生命力和发展活力,不仅在世界社会主义发展中一枝独秀,更产生出超越资本主义的特色和优势。

再次,彰显中国式现代化的世界意义。中国共产党带领中国人民走改革开放和社会主义现代化道路,把社会主义与现代化、全球化结合起来,创造出现代化的社会主义形态和中国特色形态,融为中国特色社会主义现代化道路,极大地丰富了世界现代化和全球化的社会主义内涵和中国内涵,对推进世界现代化和全球化作出重大贡献。

"现代化"原来基本上是属于西方发达国家的"专利"。近代以来,西方发达国家通过大力推进理性化、工业化、市场化、民主化、都市化、法治化等,一度占据了人类文明发展的高端,成为人类文明现代发展的主导模式。在这样的背景下,所有后发的国家不得不跟在西方发达国家的后面。

中国近代以来曾经遭遇到以现代化武装起来的西方列强入侵,受尽欺凌,产生出对于现代化的畏惧和误解。但新中国成立后,尤其是改革开放以后,我们以极大的努力"追赶"现代化,用几十年的时间走过了西方发达国家几百年的工业化道路,在一个14亿人口的中国历史性地消除了绝对贫困,全面建成小康社会,开启了全面建设社会主义现代化国家新征程,创造出中国式现代化新道路,极大地改变了世界现代化的版图,丰富了现代化的内涵,增强了现代化的活力,走出了中国式现代化的新道路!

又次,彰显中国化马克思主义的当代意义。中国共产党带领中国人民坚持和发展马克思主义,推进马克思主义中国化、时代化和大众化,在当代世界彰显了马克思主义的思想力量,直接影响着当代人类的思想理论格局和精神世界状态。

马克思主义诞生100多年来,在世界遭遇到各种敌视、封锁与责难,历经艰难传播和曲折发展,经过了原初形态、派生形态和次生形态的发展与演变。中国共产党人自觉学习、坚持和运用马克思列宁主义,将其与中国的革命、建设、改革开放和新时代新征程相结合,使其获得了系统性和全面性发展,创造出毛泽东思想、邓小平理论、"三个代表"重要思想、科学发展观和习近平新时代中国特色社会主义思想。

正是在中国的革命和建设事业中,马克思主义的科学性和真理性得到充分检验,马克思主义的人民性和实践性得到充分贯彻,马克思主义的开放性和时代性得到充分彰显,马克思主义的世界意义也得到前所未有的展现。

最后,彰显中华文明对人类文明的特殊贡献。中国共产党把社会主义、现代化、马克思主义与中国革命和建设的实际相结合,与中华优秀传统文化相结合,促成了中华优秀传统文化的创造性转化和创新性发展,构建起人类文明新形态,为人类文明的当代发

展作出新的更大贡献!

中华文明有着5000多年的悠久历史,1840年鸦片战争以后,国家蒙辱、人民蒙难、文明蒙尘,中华民族遭受了前所未有的劫难。中国共产党自成立以来,确立起为中国人民谋幸福、为中华民族谋复兴的初心使命,带领中国人民围绕中华民族伟大复兴的时代性主题,坚持和发展中国特色社会主义,推动物质文明、政治文明、精神文明、社会文明、生态文明协调发展,创造了中国式现代化新道路,推动构建人类命运共同体,为当代人类文明增加了新的内容和新的形式,构建起人类文明新形态。

第二章

国家治理现代化的核心保障

中国共产党人以前所未有的开放心态,自觉地学习和借鉴人类文明成果,又切实立足于中国的国情,在改革实践中不断探索与创新,构建起了既具广阔国际视野,又有深厚中国传统,还有鲜明中国特色的国家制度和国家治理体系。正如习近平总书记所说,中国特色社会主义制度和国家治理体系是以马克思主义为指导、植根中国大地、具有深厚中华文化根基、深得人民拥护的制度和治理体系,是具有强大生命力和巨大优越性的制度和治理体系。这个制度的最大优势就是最大限度地激发出中国人民的创新创造活力,创造了世所罕见的"经济快速发展"奇迹和"社会长期稳定"奇迹,帮助中华民族迎来了从站起来、富起来到强起来的伟大飞跃。

第一节 新时代中国共产党人的精神升华

庆祝中国共产党成立100周年大会是中国共产党发展历史上的重要里程碑事件,习近平总书记"七一"重要讲话意味着中国共产党人在新时代的精神升华。本节从中国共产党发展史、中华民族发展史和世界政党政治发展史等多层面分析中国共产党百年庆典所具有的时代意义,从发生学、历史演进和后续发展等多维度探讨伟大建党精神的提出及其特殊意义,深层探析伟大建党精神的深邃内涵,探讨如何在新时代弘扬伟大建党精神、推进实现中华民族伟大复兴。

一、深刻领会中国共产党百年庆典和习近平总书记"七一"重要讲话的时代意义

首先,从中国共产党的自身发展来看,我们党由一个在成立时只有50多名党员的小党,经过百年艰辛努力,到现在发展成为拥有9000多万名党员的世界上最大规模的马克思主义政党;由一个默默无闻的在野党,成为一个领导着14亿人口大国的世界第一大执政党。经过70多年的全面长期执政,2021年7月1日,在庆祝中国共产党成立100周年大会上,习近平总书记发表重要讲话,全面回顾历史、总结经验、展望未来。不仅创造了中国共产党之最,也创造了世界马克思主义政党之最。

其次,从中华民族发展史来看,在庆祝中国共产党成立100周年大会这样一个极为庄严和隆重的时刻,习近平总书记代表中国共产党和中国人民向全世界庄严宣告,经过全党全国各族人民持续奋斗,我们实现了第一个百年奋斗目标,在中华大地上全面建成了小康社会,历史性地解决了绝对贫困问题,正在意气风发向着全面建成社会主义现代化强国的第二个百年奋斗目标迈进。在中国共产党百年华诞之际,将中国共产党诞生之时的中华民族积贫积弱、任人欺凌的危机状况,与今天中国大地国泰民安、幸福祥和的景象加以对照,更可以看出中国共产党百年艰难奋斗对中华民族的重要贡献!这是中国共产党人百年伟业的最大成果,是中华民族百年复兴的最大成果,是中国人民百年奋斗的最大成果,也是迄今全世界被剥削人民和被压迫民族谋求自由解放和幸福生活的最大成果之一。

最后，从世界政党政治发展史来看，习近平总书记在"七一"重要讲话中系统总结了中国共产党在百年历程中探索中国特色的建党道路、革命道路、建设道路、改革开放道路和伟大复兴道路的丰硕成就和宝贵经验，回顾了中国共产党推进马克思主义中国化并持续取得丰硕成果、探索和创造中国特色社会主义现代化道路、创造出伟大建党精神和具有丰富内容的伟大精神谱系的伟大历程，宣示了走向第二个一百年的政治宣言和行动指南，同时积极回应世界上的各种关切，推动构建人类命运共同体，彰显了中国共产党人和中国人民的志气、骨气和底气，也彰显了中国共产党人的天下意识和人类情怀。这是中国共产党人的荣耀，是马克思主义的荣耀，是科学社会主义的荣耀，也是世界政党政治走向良法善治的荣耀！

二、深刻领会伟大建党精神的提出及其意义

习近平总书记"七一"重要讲话的内容极为丰富，其中具有统领性和标志性的内容就是对于中国共产党的伟大建党精神的概括。习近平总书记指出，一百年前，中国共产党的先驱们创建了中国共产党，形成了坚持真理、坚守理想，践行初心、担当使命，不怕牺牲、英勇斗争，对党忠诚、不负人民的伟大建党精神，这是中国共产党的精神之源。

伟大建党精神的提出，是对中国共产党百年奋斗历程中的历史经验和教训的科学总结，意味着中国共产党人对世界和中国的认识尤其是对党的自我认识达到了新的时代高度，标志着新时代中国共产党在精神上的重要升华和时代性自觉。

第一，伟大建党精神作为中国共产党先驱们的伟大思想创造，是灾难深重的中华民族在精神上由被动转为主动的关键性思想引领。在人类文明史上，有一种极为突出的现象，那就是人的所有行动都要在精神的引领下来进行。对于中国共产党来说也是如此。

中国共产党人的初心使命是为中国人民谋幸福、为中华民族谋复兴,而在建党之时则首先是拯救中国人民于水火、挽救中华民族于危亡。

中华民族曾经有灿烂的古代文明,1840年鸦片战争以后,中国逐渐成为半殖民地半封建社会,国家蒙辱、人民蒙难、文明蒙尘,中华民族遭受了前所未有的劫难。中国人民不甘沉沦、奋起反抗,仁人志士奔走呐喊,在实践中,太平天国运动、戊戌变法、义和团运动、辛亥革命接连而起;在思想上,资本主义、改良主义、自由主义、实用主义等各种主义和救国方案轮番出台,但都以失败而告终。直到十月革命一声炮响,给中国送来了马克思列宁主义。这犹如黑暗中的一道霞光,给正在苦苦探求救国救民道路的中国先进分子指明了方向,在马克思列宁主义同中国工人运动的紧密结合中,中国共产党应运而生。

毛泽东指出:"中国产生了共产党,这是开天辟地的大事变。"[①]大事变,大在哪里?习近平总书记指出,它"深刻改变了近代以后中华民族发展的方向和进程,深刻改变了中国人民和中华民族的前途和命运,深刻改变了世界发展的趋势和格局"[②]。

中国共产党的诞生为什么有如此重要的地位和意义?因为正是先进思想家的思想率先觉醒,进而引领先进政党的政治觉醒,使得中国人民有可能在马克思主义的指引下,开始从精神上由被动转为主动,中华民族才有可能开始艰难地但不可逆转地走向伟大复兴。

第二,伟大建党精神作为中国共产党的精神之源,指引中国共产党带领中国人民在思想与实践的结合中积极探索中国特色的建党道路、革命道路、建设道路、改革开放道路和伟大复兴道路,从胜利走向胜利。中国共产党从登上中国政治舞台的那一刻起,就坚

---

① 参见2021年11月11日中国共产党第十九届中央委员会第六次全体会议通过的《中共中央关于党的百年奋斗重大成就和历史经验的决议》。
② 习近平.在庆祝中国共产党成立100周年大会上的讲话[J].求是,2021(14).

持马克思列宁主义的理论立场观点方法,始终不渝为中国人民谋幸福、为中华民族谋复兴,从而在思想上和实践中践行和弘扬伟大建党精神,在长期奋斗中构建起中国共产党人的精神谱系,锤炼出鲜明的政治品格。

习近平总书记在"七一"重要讲话中全面回顾了中国共产党成立以来立党兴国为民的四个主要发展阶段,以及在伟大建党精神指引下为中华民族伟大复兴而奋斗的光辉历程。

中国共产党团结带领中国人民,浴血奋战、百折不挠,创造了新民主主义革命的伟大成就;自力更生、发愤图强,创造了社会主义革命和建设的伟大成就;解放思想、锐意进取,创造了改革开放和社会主义现代化建设的伟大成就;自信自强、守正创新,统揽伟大斗争、伟大工程、伟大事业、伟大梦想,创造了新时代中国特色社会主义的伟大成就。

正是立足于这些伟大成就,习近平总书记系统总结了中华民族伟大复兴进程的四个阶段,"四个庄严宣告"揭示了每一个历史阶段的重大意义:中国人民站起来了,中华民族任人宰割、饱受欺凌的时代一去不复返了!中国人民不但善于破坏一个旧世界,也善于建设一个新世界,只有社会主义才能救中国,只有社会主义才能发展中国!改革开放是决定当代中国前途命运的关键一招,中国大踏步赶上了时代!中华民族迎来了从站起来、富起来到强起来的伟大飞跃,实现中华民族伟大复兴进入了不可逆转的历史进程!

"四个庄严宣告",彰显了中华民族伟大复兴的发展演进逻辑,也是中国共产党的政治建设逻辑,是中国人民的自由解放逻辑!

第三,伟大建党精神既是中国共产党百年奋斗历程中的历史经验教训的科学总结,也是中国共产党以史为鉴、开创未来的重要思想保障。

习近平总书记要求我们用历史映照现实、远观未来,从中国共产党的百年奋斗中看清楚过去我们为什么能够成功,弄明白未来我们怎样才能继续成功,从而在新的征程上更加坚定、更加自觉地牢记初心使命、开创美好未来。

习近平总书记以"九个必须"深刻总结我们党百年奋斗经验启示,为开创未来指明了方向:必须坚持中国共产党坚强领导;必须团结带领中国人民不断为美好生活而奋斗;必须继续推进马克思主义中国化;必须坚持和发展中国特色社会主义;必须加快国防和军队现代化;必须不断推动构建人类命运共同体;必须进行具有许多新的历史特点的伟大斗争;必须加强中华儿女大团结;必须不断推进党的建设新的伟大工程。

习近平总书记指出的这"九个必须",可以看作是伟大建党精神在新时代的拓展、深化和升华,必将引领中国共产党人和中华民族创造第二个百年辉煌!

由上可见,伟大建党精神是中国共产党的核心与灵魂,也是习近平总书记"七一"重要讲话的核心与灵魂。在中国共产党百年华诞之际,对伟大建党精神的概括,意味着对中国共产党精神之源的发生学自觉,既是对其研究逻辑的历史自觉,也是对其未来永恒价值的高度肯定,意味着中国共产党人的自我认识达到了新的时代高度,也标志着新时代中国共产党人在精神上的时代性升华与高度自觉。

三、深入理解伟大建党精神的丰富内涵

习近平总书记将伟大建党精神概括为"坚持真理、坚守理想,践行初心、担当使命,不怕牺牲、英勇斗争,对党忠诚、不负人民"[1],具有非常丰富的思想和理论内涵,从多种角度彰显了中国共产党的先进性、纯洁性和战斗性品格,我们应当全面深入准确学习理解。

---

[1] 人民日报编委会理论学习中心组.永远把伟大建党精神继承下去发扬光大[J].求是,2021(15).

首先，坚持真理、坚守理想，彰显了中国共产党人坚持马克思主义思想指导和坚持共产主义理想信念的有机统一。把坚持马克思主义认识论和马克思主义价值论内在结合起来，这是中国共产党人的显著思想优势。

坚持真理，直接地讲就是坚持马克思主义的真理。中国共产党人不断坚持和发展马克思主义，推进其中国化、时代化、大众化，产生了中国化的马克思主义系列成果，而从思想方法的角度看，就是始终勇于和善于坚持真理、修正错误。

笔者在延安参观中共七大会场时注意到一个细节，即在会场两边墙上悬挂有六个"V"字形旗座，每个旗座上都悬挂着4面党旗，旗座上有条横木，上面写着八个字："坚持真理、修正错误。"这八个字就是马克思主义认识论的思想精髓，是中国共产党不断成功的思想真谛。

坚守理想，就是既要坚持共产主义远大理想，也要坚持现实中的中国特色社会主义实践，这是马克思主义的价值论。马克思曾经指出："哲学家们只是用不同的方式解释世界，而问题在于改变世界。"[①]帮助人们更加科学地解释世界和更加合理地改变世界，把科学的认识论、真理论与合理的价值论、实践论内在结合起来，这是马克思主义的根本原则。

正是在这些重要思想原则的指引下，我们党在一百年的发展进程中，始终坚定不移地与各种错误思想进行斗争、与各种错误路线进行斗争，清除了党内的各种错误思想，形成了解放思想、实事求是、与时俱进的思想路线；不断纠正各种错误路线的干扰，形成了正确的政治路线。

中国共产党将马克思主义运用于中国实际，一方面形成了毛泽东思想、邓小平理论、"三个代表"重要思想、科学发展观、习近平

---

① 中共中央马克思恩格斯列宁斯大林著作编译局.马克思恩格斯全集：第3卷[M].北京：人民出版社，1960：6.

新时代中国特色社会主义思想,另一方面将科学社会主义作为思想原则,指导我们探索中国特色的建党道路、革命道路、建设道路、改革开放道路和伟大复兴道路,使之由共产主义的一般思想原则转化为中国特色社会主义,使中国人民感受到马克思主义的思想魅力和共产主义的实践意义。

其次,践行初心、担当使命,彰显了中国共产党人始终坚持人民利益至上的初心和勇担民族复兴的使命的统一。把马克思主义价值论和共产党人的使命论内在地结合起来,这是中国共产党人的显著政治优势。

历史唯物主义认为,人民是社会历史发展的主人,人的自由全面发展是社会发展的根本目标,未来社会应当是自由人的联合体,每个人的自由发展是一切人自由发展的条件。中国共产党从成立那一天起就将为中国人民谋幸福、为中华民族谋复兴作为自己的建党目标和政治使命,既站在了中国人民根本利益的价值高地,也站在了中华民族伟大复兴的使命高地。更为可贵的是,中国共产党人在自己的百年奋斗史上,始终不渝践行初心、担当使命。

从价值选择上看,从毛泽东强调"全心全意为人民服务",到邓小平强调群众路线,到习近平总书记鲜明指出"人民对美好生活的向往,就是我们的奋斗目标",反复强调中国共产党人的使命意识,以此统摄全党的政治建设、思想建设、组织建设和纪律建设等,使得中国共产党始终保持了自己的先进性,成为中国各项事业的主心骨。

从实践上看,中国共产党人通过新民主主义革命、社会主义革命和建设、改革开放和社会主义现代化建设、新时代中国特色社会主义各个阶段的不懈接续奋斗,不仅成功地坚守了初心,而且也成功地履行了使命,展示出优秀的政治品格和政治优势。

再次,不怕牺牲、英勇斗争,彰显了中国共产党人的顽强意志品质和优良革命作风的有机统一,展示了马克思主义的精神魅力和先进政党的英雄气概,这是中国共产党人的显著实践优势。

中国共产党的百年伟业,不是敲锣打鼓、轻轻松松、一帆风顺就能成功的,而是通过一代又一代志士仁人浴血奋战、艰苦奋斗出来的。中国共产党自成立那一天起,就带领中国人民与北洋军阀斗争、与封建主义斗争、与国民党反动派斗争、与日本帝国主义斗争、与帝国主义的封锁斗争、与党内的各种错误思潮斗争。无论是开天辟地、改天换地、翻天覆地,还是惊天动地,无论是国内革命战争、抗日战争、解放战争、抗美援朝战争,还是改革开放与社会主义现代化建设,都是中国共产党人带领中国人民浴血奋战、克服无数艰难险阻奋斗出来的。

据不完全统计,从1921年至1949年,全国牺牲的有名可查的革命烈士就有370多万人。在脱贫攻坚的伟大事业中,也有1800多人奉献了自己的生命。为有牺牲多壮志,敢教日月换新天。中国共产党和中国人民立志高远、积极进取,不怕困难、不怕牺牲,前赴后继、英勇不屈,坚忍不拔、忍辱负重,百折不挠、愈挫愈勇,具有敢于压倒一切敌人的英勇气概、敢于牺牲一切的奉献精神,不仅成就了中国共产党百年伟业,也彰显了中国共产党的特殊责任意识和优良实践品格。

最后,对党忠诚、不负人民,彰显了中国共产党人对党忠诚的坚强政治品格和热爱人民的天下情怀的有机统一,展示了马克思主义的人民性和共产党人的纯洁性,这是中国共产党人的显著道德优势。

按照马克思主义的政党理论,群众是划分为阶级的,阶级是需要政党来领导的,而政党会推举出一定的领袖群体。一个政党是否先进,从思想上来看,取决于其是否能够真正把握天下大势、顺应和引领大势所趋,并是否能将其转化为自己的发展目标,引领伟大事业走向正确的发展方向;而从组织方面来看,则取决于其是否能够真正代表人心所向、得到最广大人民群众的支持、拥有最广泛坚实的群众基础,并是否能团结带领最广大人民群众为共同的事业而奋斗。

中国共产党人把为中国人民谋幸福、为中华民族谋复兴设定为自己的全部核心价值,始终代表中国最广大人民的根本利益,与人民休戚与共、生死相依,没有任何自己特殊的利益,从来不代表任何利益集团、任何权势团体、任何特权阶层的利益,从而能够得到最广大人民群众的最衷心拥戴和最热情支持。

中国共产党的先进性和纯洁性是建立在对人民的高度忠诚之上的,因而对于所有的党员和党的领导干部来说,忠于党和忠于人民也就获得了高度的一致性。在中国共产党的百年伟业中,无数革命先烈抛头颅、洒热血,忠于党、忠于人民,展示出先进政党所特有的忠诚力量。

就中国共产党的党员与党组织的关系来看,一方面是大浪淘沙,在中国共产党百年伟业不断推进的历程中,根据对党对人民的忠诚及其程度,将不适应党的先进性和纯洁性要求的人毫不留情地从党的队伍中清理出去,也不排除一些同行者在共同行进一段时期后的自我退却或自我脱离;另一方面是时势造英雄、时势选人才,将自觉积极和全心全意为党为人民工作并确有才华确有实绩的人才选拔到各级领导岗位,成为各级领导干部。

习近平总书记曾经铿锵有力地向全世界宣布"我将无我,不负人民",并要求全体党员尤其领导干部把人民放在心中的最高位置,真正做到全心全意为人民服务,鞠躬尽瘁、死而后已,这展示了优秀政党的特殊人民情怀。

伟大建党精神的以上四个方面是内在相关的,思想优势是先导,政治优势是核心,实践优势是动力,道德优势是保障。四个方面缺一不可、相互支持,构成有机整体,全方位展示出中国共产党人的优秀政治品格和崇高精神境界。

四、在新时代弘扬伟大建党精神

从党的十九大到二十大,是"两个一百年"奋斗目标的历史交汇点，我们立足新时代新要求，自觉弘扬伟大建党精神，推进实现中华民族伟大复兴。

首先，立足伟大建党精神，全面理解和弘扬中国共产党人的精神谱系，为中华民族伟大复兴提供更加强大的精神力量。习近平总书记在2021年2月的党史学习教育动员大会上指出，在一百年的非凡奋斗历程中，一代又一代中国共产党人顽强拼搏、不懈奋斗，涌现了一大批视死如归的革命烈士、一大批顽强奋斗的英雄人物、一大批忘我奉献的先进模范，形成了一系列伟大精神，构筑起了中国共产党人的精神谱系，为我们立党兴党强党提供了丰厚滋养。习近平总书记在"七一"重要讲话中首次提出伟大建党精神，并将其作为中国共产党的精神之源，不仅为中国共产党人的精神谱系增加了重要内容，也有助于我们更好地从源头上来理解中国共产党人的精神谱系。

在发生学的意义上，伟大建党精神是中国共产党人全部精神谱系的历史之源。深入理解伟大建党精神可以帮助我们寻根究底、追踪溯源，从源头上理解中国共产党的伟大精神。在历史演进的意义上，伟大建党精神贯穿于中国共产党带领全体中国人民为中华民族伟大复兴而接续奋斗的全过程，并在指导中国人民开展具有中国特点的革命、建设、改革开放和伟大复兴进程中延伸出诸多伟大精神。例如，在新民主主义革命时期有红船精神、井冈山精神、长征精神、苏区精神、延安精神、西柏坡精神等；在社会主义革命和建设时期有抗美援朝精神、雷锋精神、焦裕禄精神、大庆精神、"两弹一星"精神等；在改革开放和社会主义现代化建设新时期有特区精神、改革开放精神、抗震救灾精神、载人航天精神等；在中国特色社会主义新时代有新时代北斗精神、伟大抗疫精神、脱贫攻坚精神等。

深入学习和弘扬伟大建党精神，可以帮助我们更好地懂得中国共产党带领中国人民在百年历程中的思想探索和实践创新，更好地在伟大建党精神的指引下去开创未来。

其次,将伟大建党精神注入国家治理体系,打造良法善治体系,推进国家治理体系和治理能力现代化,为中华民族伟大复兴提供更加强大的国家制度保障。伟大的思想力量应当转化为伟大的制度力量。习近平总书记指出,制度优势是一个国家的最大优势,制度竞争是国家间最根本的竞争。中国共产党人历来高度重视思想建设,也高度重视制度建设。

党的十八届三中全会首次提出推进国家治理体系和治理能力现代化,并将其作为全面深化改革的总目标。党的十九大着力谋划的第二个百年发展目标,即在2035年基本实现社会主义现代化和在本世纪中叶全面建成社会主义现代化强国,其制度成果和制度保障则是从基本实现到完全实现国家治理体系和治理能力现代化。

弘扬伟大建党精神,就要将其转化为思想理论指导、价值目标体系和方法论原则,灌注到中华民族伟大复兴的战略全局,渗入国家治理体系的各个领域、各个方面和各个层次,统筹推进"五位一体"总体布局和"四个全面"战略布局,构建良法善治体系,成为国家治理现代化的精神内核,转化为国家治理现代化的能力,提升国家治理效能,为中华民族伟大复兴提供更加强大的制度保障。

最后,以伟大建党精神推动党的自我革命,切实加强全面从严治党,确保党在引领中华民族伟大复兴的历史进程中始终成为坚强领导核心。当前世界正处于百年未有之大变局,世界进入动荡变革期,大国博弈日益激烈,世界的不确定性因素剧增。我们要确保在全球治理变局中的中国战略定力,关键在党,根本在党。

习近平总书记反复强调:"办好中国的事情,关键在党。"堡垒最容易从内部攻破。我们要在全党深入学习领会和践行伟大建党精神,在极度复杂变革中的世情、国情、党情面前始终保持思想上的先进性和组织上的纯洁性,在"四大考验"和"四种危险"面前,确保我们的党不变质、不变色、不变味,以伟大建党精神的强大力量,确保我们党在世界形势深刻变化的历史进程中始终走在时代前列,在应对国内外各种风险挑战的历史进程中始终成为全国人民的主心骨,在坚持和发展中国特色社会主义的历史进程中始终成为坚强领导核心。

第二节 伟大抗疫精神是中国精神的生动体现与时代升华[①]

极不平凡的抗疫防疫历程,让我们更加深刻地体会到"人民"二字的含义。它不是口号,而是行动;不是个别,而是全体。

在抗击疫情的命运共同体中,人们的智慧与热情前所未有地被激发出来,中华民族精神中那些最宝贵的精神转化为全体中国人民的鲜活实践,构建起前所未有的磅礴伟力,获得了丰富的时代性内涵。

从中国倡导构建人类命运共同体理念,到中国积极发挥作用,世界大家庭中的许多成员前所未有地体会到中国传统文化中最为可贵的道义担当,它在抗击疫情的斗争中活化和时代化,成为中华民族精神的重要时代内容。

习近平总书记概括出的"生命至上、举国同心、舍生忘死、尊重科学、命运与共"的伟大抗疫精神,既是全国疫情防控阻击战取得重大战略成果的经验总结,也集中彰显了中国特色社会主义的制度优势,是中国精神在伟大抗疫斗争中的生动体现,标志着中华民族精神的时代性升华,为中华民族精神宝库增加了极为宝贵的内容。

---

① 欧阳康.伟大抗疫精神是中国精神的生动体现与时代升华[N].湖北日报,2020-09-24(15).(有修改。)

一、"生命至上"彰显价值追求

为什么人的问题,是检验一个政党、一个政权的试金石?危急关头,是人民至上、生命至上,还是其他什么至上,是检验一种制度是否表里如一的度量衡。习近平总书记从一开始就明确指出,"疫情防控是一场保卫人民群众生命安全和身体健康的严峻斗争",基于这样的定性判断,中国共产党人始终"把人民群众生命安全和身体健康放在第一位,坚决遏制疫情蔓延势头",在所有工作中都"必须牢记人民利益高于一切"。

人民至上、生命至上,正是中国共产党执政为民理念的根本要求,也是中国特色社会主义制度的根本价值。党的十九大报告明确指出,中国共产党人的初心和使命,就是为中国人民谋幸福,为中华民族谋复兴。这个初心和使命是激励中国共产党人不断前进的根本动力。当疫情汹涌袭来,中国共产党人毫不犹豫以保护人民的生命安全和身体健康作为疫情防控的最高价值,并以其作为精神内核,贯穿于疫情防控阻击战全过程,带领全国人民打响了气壮山河的人民战争、总体战、阻击战。

中国共产党人所说的生命至上,是每个人的生命、所有人的生命。在决胜全面小康之年,中国战"疫"不惜代价,不计成本,仅湖北省就成功治愈3000余位80岁以上、7位百岁以上患者(全国重症患者人均治疗费用超过15万元,一些危重症患者治疗费用几十万元甚至上百万元,全部由国家承担),为保证群众基本生活、解决群众实际困难,迅速建立生活必需品联保联供协作机制,每天数以百吨、千吨计的生活物资驰援湖北。可以说,确立人民至上、生命至上的最高价值,这是关键时刻作出的关键抉择,也是我们取得一个又一个胜利的重要精神向导。

二、"举国同心"彰显团结伟力

在疫情防控阻击战中,全国一盘棋、集中力量办大事构筑起"铜墙铁壁"。正是在中国共产党的坚强领导下,我们将举国体制与万众一心内在结合起来,果断采取了最全面、最严格、最彻底的防控举措,充分发挥了中国特色社会主义的制度优势,并将其转化为治理效能,取得了重大战略成果,促进了国家治理体系和治理能力的时代性升华。

举国同心的前提是党中央的坚强领导。习近平总书记亲自指挥,亲自部署,一场场统摄全局的重要会议、一次次深思熟虑的指示批示、一项项及时有力的科学决策,坚定了全党全社会战胜疫情的必胜信念,指明了同病魔奋战的方向。全党上下如一台精密的机器高速运转起来,人们亲身见证了党中央统一指挥、统一协调、统一调度的坚决有力,见证了党中央全面动员、全面部署、全面推进的制胜之举。

中国国家制度优势突出地表现在以举国体制形成了名副其实的全国一盘棋。首先是军地结合,中国人民解放军从除夕夜开始,火速支援武汉,展示人民军队的爱民之心和强大战斗力。其次是全国各地不仅全力以赴做好自己的患者救治和疫情防控工作,还调集精兵强将,火速奔赴湖北、支援武汉,形成全国一体的抗击疫情系统格局。来自全国各地的数万名建设者昼夜奋战,只用了短短十多天建成火神山、雷神山医院,还有改造出方舱医院的创举,都展现了中国速度和中国力量。从中央到地方,从城市到农村,从整体到局部,形成系统有序联动机制,展示出中国国家治理制度的强大力量。

中国国家制度优势还突出地表现为激发了全国人民的积极参与,尤其是在关闭离汉通道的76天里,千万武汉人民作出了巨大的牺牲与奉献,以特殊方式参与抗疫斗争,造就了英雄的城市和英雄的人民。

三、"舍生忘死"彰显顽强意志

疫情防控阻击战彰显了中华民族在重大疫情面前舍生忘死的崇高精神境界。在疫情袭来之际,全国346支医疗队、4.2万多名医务工作者,从全国各地"逆行"来到武汉。他们践行"敬佑生命、救死扶伤、甘于奉献、大爱无疆"的职业精神,展现了"临危不惧、义无反顾、勇往直前、舍己救人"的责任担当,书写了一桩桩、一件件感人至深的英雄事迹。

在抗击疫情过程中,我们看到,广大医务工作者、疾控工作人员、人民解放军指战员、武警部队官兵、科技工作者、社区工作者、公安民警、应急救援人员、新闻工作者、企事业单位职工、工程建设者、下沉干部、志愿者以及广大人民群众,各种力量集结,形成强大合力,使我们能在极度困难的条件下筑起了坚固的生命安全防线。

在抗击疫情的命运共同体中,从个体,到家庭,到楼栋,到小区,到社区,到城市、农村,以至全国,从保护自我健康,到保护家庭安康,到创建无疫情小区、社区、街道、村队,以至一个个城市、一个个省(区、市),从细胞,到组织,到机体,到整体,人们的智慧与热情前所未有地被激发出来,中华民族精神中那些最宝贵的精神转化为全体中国人民的鲜活实践,构建起前所未有的磅礴伟力,获得了丰富的时代性内涵。伟大抗疫精神极大地丰富了中华民族的精神宝库,引领着中华民族精神的时代性升华。

四、"尊重科学"彰显制胜法宝

打好疫情防控阻击战,关键要借助科学研究不断提升患者救治和疫情防控水平。正是依据对病毒危害性和传播特点的科学研究成果,党中央果断作出了关闭离汉离鄂通道的重大战略抉择,并提出了"坚定信心、同舟共济、科学防治、精准施策"的总要求，实行了"早发现、早报告、早隔离、早治疗"的战略措施，提出了"应收尽收、应治尽治、应检尽检、应隔尽隔"的防治方针，最大限度地提升了收治率、治愈率，降低了感染率、病亡率。

关闭离汉通道期间，武汉对全市居民集中开展两轮拉网式大排查，以"不落一户、不漏一人"标准实现"存量清零"，全面实现"四应四尽"。同时集中力量持续提升核酸检测能力，缩短检测周期，确保检测质量。与此同时，大力探索有效药物，开展疫苗研制。在抗疫关键阶段，这些给了武汉人民以信心。

五、"命运与共"彰显道义担当

这场突如其来的疫情，让人们深刻认识到，病毒无国界，疫情是我们的共同敌人。疫情防控全球阻击战尤其凸显人类命运共同体理念的时代价值。

我国在疫情中对于人类卫生健康共同体的特别关注和作出的贡献，是由于新冠疫情威胁到全民族以至全世界每一个人的生命安全，并威胁到国家安全和全球安全。全球抗击疫情中的大国担当，丰富和深化了人类命运共同体理念的内涵。

从中国倡导构建人类命运共同体理念，到中国积极发挥作用，世界大家庭中的许多成员前所未有地体会到中国传统文化中最为可贵的道义担当，它在抗击疫情的斗争中活化和时代化，成为中华民族精神的重要时代内容。

我们不仅关心中国人民的生命安全和身体健康，还以人类命运共同体理念支持全球抗疫，推动全球公共卫生治理现代化。病毒不分国界，不分民族，人类命运休戚与共。在应对这场全球公共卫生危机的过程中，构建人类命运共同体的必要性和紧迫性更加凸显，全球公共卫生危机呼唤着全球公共卫生治理合作体系。

中国不仅努力做好自身的抗疫工作,还向多个国家和地区捐赠和出口防疫物资,向世界各国介绍中国的抗疫经验,阐述中国方案,提出中国倡议,表明中国担当,促进全球公共卫生合作,推动构建人类卫生健康共同体,展示中国作为负责任大国的博大胸怀与崇高境界。

第三节 党的百年奋斗如何从根本上改变中国人民的前途命运

党的十九届六中全会决议,在全面总结中国共产党百年奋斗伟大成就和历史经验时指出,"党的百年奋斗从根本上改变了中国人民的前途命运"。中国共产党的百年奋斗在何种意义上从根本改变了中国人民的前途命运?本节尝试从伟大的思想觉醒、政治革命、社会变革和人格塑造等四个方面加以探讨,向识者讨教。

一、伟大的思想觉醒:在精神上由被动迷茫到把握历史主动

中国共产党的百年奋斗史,发端于中华民族和中国人民在政治上和思想上的至暗时期,其首要的前提和使命是唤起中国人民的伟大觉醒和精神自觉。中华民族是世界上最伟大的民族之一,有着5000多年的悠久文明历史。中国人民为人类文明进步作出了不可磨灭的贡献。

但1840年鸦片战争以后,由于帝国主义入侵,中国逐步沦为半殖民地半封建社会,中华民族遭受了前所未有的劫难,中国人民头上压了帝国主义、封建主义和官僚资本主义三座大山。为了拯救民族危亡,中国人民奋起反抗,仁人志士奔走呐喊,各种革命运动接连而起,各种主义和救国方案轮番出台,但都以失败而告终。中国人民陷入前所未有的政治迷失和思想迷茫,迫切需要新的思

想引领救亡运动，迫切需要新的组织凝聚革命力量。中国共产党正是在这样的危亡时刻应运而生的。

如果说在人类文明史上曾经有普罗米修斯盗得"天火"照亮人类的传说，在中国的历史上则由中国共产党人从俄国革命中学习马克思主义，将其运用于中国革命、建设、改革开放和中国社会主义现代化建设，引领中国人民在精神上不断地由被动转为主动，焕发出伟大的历史主动精神和历史创造精神。

中国人民在精神上的伟大觉醒和伟大创造是一个非常艰难的认识和自我认识历程。就自我认识而言，经历了对于中国人的"国民性"的反思与批判，形成了中国历史文化印记；就中国与西方发达国家的比较而言，经历了译介西方各种思想和思潮，比对中国历史传统和政治文化，产生出到底应当是"中体西用"还是"西体中用"等思想纷争；就中国共产党与中国各种政治理念的关系而言，经历了马克思主义与非马克思主义，社会主义和自由主义、资本主义、修正主义等各种思想论争；就其内部斗争而言，面对着如何应对各种形式的"左"倾和右倾错误、保守主义和激进主义、教条主义和分裂主义等挑战。

中国共产党历史上的三个重要决议，表征着中国共产党带领中国人民的思想觉醒和自我认识与反思历程。尤为可贵的是，中国共产党人从一开始就把为中国人民谋幸福、为中华民族谋复兴作为自己的初心使命，形成了坚持真理、坚守理想，践行初心、担当使命，不怕牺牲、英勇斗争，对党忠诚、不负人民的伟大建党精神，在以人民为中心的核心价值引领下，将其运用到中国革命、建设、改革开放和新时代新征程的各个阶段，推进马克思主义与中国的具体实际相结合，与中国优秀传统文化相结合，顺应并推进了中华文明发展之大势，映现并引领了中国人民的人心所向，形成了毛泽东思想、邓小平理论、"三个代表"重要思想、科学发展观和习近平新时代中国特色社会主义思想，促成了马克思主义中国化时代化大众化，使之成为中国人民精神世界的内在组成部分，融入了中国人民的精神家园，成为中华文化和中国精神的时代精华，促成了中华民族和中国人民的精神升华！

二、伟大的政治革命：在地位上由被奴役压迫到成为国家、社会和自我的主人

伟大的思想觉醒是与伟大的政治革命相伴随的。在中国共产党的领导下，中华民族在政治上实现了由半殖民地半封建社会到中国特色社会主义现代社会的革命性跨越，中国人民在政治地位上实现了由被奴役压迫到成为国家、社会和自我的主人。

中国人民长期生活在封建专制社会，受到"君权天授""王权至上"等思想的深刻影响。帝国主义入侵，更是让中国人民灾难深重。中国共产党人带领中国人民闹革命，将走社会主义道路和建立人民民主专政作为自己的国家制度建设目标，经过土地革命战争、抗日战争、解放战争，完成新民主主义革命，建立社会主义制度。

新中国成立以后，人民当家作主的中国的民主政治建设不断拓展和更新升级。人民代表大会制度成为中国的根本制度，中国共产党领导的多党合作和政治协商制度、民族区域自治制度、基层群众自治制度成为基本制度，还有各种重要制度体系。党的领导、人民当家作主和依法治国三位一体切实保障人民民主权利，全过程人民民主成为中国特色的民主政治文明形态。习近平总书记指出的"时代是出卷人，我们是答卷人，人民是阅卷人"，最深刻地反映了中国人民主体地位的坚实确立和有力保障。

三、伟大的社会变革：在经济上由"一穷二白"到美好生活不断变为现实

中国共产党人把国家富强和人民幸福作为自己的奋斗目标，将"一穷二白"的旧中国建成了欣欣向荣的新中国，历史性地消除

了绝对贫困,全面建成小康社会,人民对美好生活的向往不断变成现实。

中国人民曾经有过自己的历史辉煌,近代以来积贫积弱,衰败凋零。中国共产党人在新中国成立后努力建立了独立的和比较完整的工业体系,进而通过改革开放确立以经济建设为中心的发展战略,激发社会生产发展活力,加速中国特色社会主义现代化建设,成为世界第二大经济体。

尤其是党的十八以来,党智慧统筹国际国内两个大局,构建起中华民族伟大复兴的战略全局,我国经济实力、科技实力、国防实力、综合国力进入世界前列,历史性地消除了绝对贫困,全面建成小康社会,开启社会主义现代化强国新征程,人民对美好生活的向往不断变为现实,共同富裕的发展目标和道路更加清晰并正在取得实质性成就,中华民族和中国人民经历着站起来、富起来到强起来的伟大飞跃。

四、伟大的人格塑造:在品格上由"东亚病夫"到自信自主自强

在中国共产党的领导下,中国人民不仅创造了"经济快速发展"和"社会长期稳定"这两个世所罕见的奇迹,也塑造了在人格、国格和品格上更加自信自主自强的自我。

近代中国人被辱为"东亚病夫",受尽欺辱,中国共产党带领中国人民在思想上、政治上、经济上、文化上全方位站起来,也促使中国人民的人格、中华人民共和国的国格和中华民族的民族品格得到革命性提升。这种提升普及14亿中国人民,涉及人民生产生活交往等各个领域,包含着思想道德文化等各个方面,促进人的自由全面和个性化发展,展示着前所未有的创新创造活力,彰显着中国人民的志气、骨气和底气,展示着中国共产党人和中国人民的道路自信、理论自信、制度自信和文化自信。

中国人民不仅信心百倍地书写着新时代中国发展的伟大历

史,还胸怀天下,弘扬和平、发展、公平、正义、民主、自由的全人类共同价值,通过共商共建共享建设高质量"一带一路",日益走近世界舞台中央,展示出中国发展的世界意义,为世界上那些既希望快速发展又希望保持自身独立的国家提供了中国智慧和中国方案,为构建人类命运共同体作出应有贡献。

第三章

国家治理现代化的中国道路

新中国成立70多年来,我们党领导人民创造了经济快速发展和社会长期稳定的奇迹。从思想上探析中华民族近代以来追寻现代化的思想进步,从价值上探析中国特色社会主义现代化道路的时代性创新,从制度上探索中华民族伟大复兴的制度变革与制度保障。

正是以上三个方面的综合性理论探索与实践创新,形成了强大的思想指导、价值引领和制度保障,引领中国现代化实现跨越式发展,指引我们实现中华民族伟大复兴,并引领人类文明进步方向。

第一节 中国式现代化新道路新在哪里[①]

习近平总书记在庆祝中国共产党成立100周年大会上的重要讲话中,作出"中国共产党团结带领人民创造了中国式现代化新道路,创造了人类文明新形态"的重要论述。中国式现代化新道路,

---

① 欧阳康.中国式现代化新道路新在哪里[N].光明日报,2021-07-19(6).

新在哪里？本节尝试进行初步探讨。

一、中国式现代化新道路的本质内涵

就其本来含义来说，现代化起源于西方，是近代以来人类文明发展的重要内容和主导形态，是一场深刻的思想、生产、生活和社会革命，是人类文明的重要进步。

西方的现代化包含着许多非常重要的要素和内容，例如：理性化，以张扬自然科学和技术为主要内容的大机器生产和与之相应的工业革命；市场化，以航海和跨国贸易为主要内容的商业革命；都市化，以生产社会化和服务规模化为主要内容的城市革命；等等。

正是依托以上内容，近代以来世界上先后产生了不同类型的现代化模式，如西欧模式、美国模式、拉美模式等，它们也可以看作世界现代化在不同国家和地区的不同具体道路。

中国式现代化新道路立足中国国情，经历了艰辛的探索历程。

近代以来，帝国主义凭借着现代化造就的洋枪洋炮打开了中国的国门，中华民族遭受了前所未有的劫难，丧权辱国，割地赔款，国家蒙辱、人民蒙难、文明蒙尘，中国逐步成为半殖民地半封建社会。为了拯救民族危亡，中国人民奋起反抗，仁人志士奔走呐喊，太平天国运动、戊戌变法、义和团运动、辛亥革命接连而起，各种救国方案轮番出台，但都以失败而告终。

中国共产党在马克思主义引领下，带领中华民族谋求伟大复兴，通过百年艰辛努力，创造了新民主主义革命、社会主义革命和建设、改革开放和社会主义现代化建设、新时代中国特色社会主义四个伟大成就，中华民族迎来了从站起来、富起来到强起来的伟大飞跃，中华民族伟大复兴进入了不可逆转的历史进程！

中国现代化的最大成功就是在中国共产党的领导下，在中国创造出了"经济快速发展"和"社会长期稳定"这两个世所罕见的奇迹,全面建成了小康社会,从根本上解决了绝对贫困,走上了全面建设社会主义现代化国家的新征程。

二、中国式现代化新道路的全新特点

中国式现代化新道路,就是中国特色社会主义现代化建设和发展道路,它吸收借鉴了各种现代化模式的特点优点,但不是照抄照搬,而是根据中国国情和社会主义制度要求,进行新的整合与创造,赋予其新的内容与形式,形成了新结构新特点,展示出全新的功能。

第一,就现代化的发展动力而言,西方式的现代化是以资本的力量作为推动社会生产的根本动力,利润的最大化是社会发展的根本目的,资本的运行逻辑统摄着社会运行的逻辑,这可能会获得资本对于效率的强劲推动,也可能会牺牲社会公平,在资本的盲目驱动下导致经济危机。

而中国式现代化新道路始终坚持以人民为中心的发展思想,把人的价值和人民对美好生活的向往作为发展的目的,在发挥资本力量,允许一部分人先富起来的同时,注意协调公平与效率的关系,在社会发展到一定程度后重视缩小贫富差距,通过社会主义的制度优势从根本上消除绝对贫困,全面建成小康社会,全面开启社会主义现代化国家建设新征程,努力在推进共同富裕方面取得实质性成就。

第二,就现代化的组织形式而言,西方式的现代化以资本主义议会民主作为政治制度,以选举民主作为实现民众权利的主要形式,与封建社会相比,这在历史上是一个巨大进步,但单纯的选举民主最终会导致政党政客只关心选票和选民,不仅无法排除选举过程中的黑金政治,也有可能伴随选民分裂而导致社会撕裂,还有可能使国家政治生活随着选举产生"翻烧饼"似的周期性震荡。

中国式现代化道路坚持党的领导、人民当家作主、依法治国有机统一,强调有事好商量,众人的事情由众人商量,是人民民主的真谛。既始终坚持中国共产党的领导,坚持全国人民代表大会的根本政治制度,确保人民当家作主,同时充分发挥各民主党派和无党派人士参政议政作用,构建新型政党制度,既有选举民主,也有伴随社会全领域、全过程和全周期的协商民主,用"接力赛"超越西方选举制的"拳击赛",能够更好发挥制度优势,提升治理效能。实践充分证明,中国式民主在中国行得通、很管用,走出了一条中国特色社会主义政治发展道路。

第三,就现代化的所有制基础而言,西方式的现代化以资本主义私有制为基础,富于活力但难以形成合力;苏联东欧式的现代化以单一的公有制为基础,基础厚重、整合力强,但缺乏多样性和活力。

中国式现代化新道路把现代化与多种所有制和多种分配方式内在有机结合起来,构建起以公有制为主体、多种所有制经济共同发展的复合所有制体系,同时相应地采取按劳分配为主体、多种分配方式并存的复合式分配方式,既使公有制经济为国民经济提供了坚实可靠力量,又通过多种所有制经济形式获得更大发展空间和发展机遇。通过按劳分配激发劳动者的积极性,也使各种社会资源能够更加充分地进入社会生产和社会生活,使社会更加丰富多彩、更具活力。

第四,就现代化的运行机制而言,西方式现代化重视市场作用,按照价值规律来运行,把社会经济发展托付给"看不见的手",其优势是可以更好发挥市场在资源配置中的选择性和调节性作用,其短板是经常遭遇市场经济波动乃至经济危机,难以防范化解重大风险。

中国式现代化新道路注重市场经济和政府宏观调控的内在有机结合,一方面积极发挥市场在资源配置中的决定性作用,另一方面更好发挥政府根据经济和社会运行规律而实施的宏观调控,把"有效市场"与"有为政府"内在地结合起来,既能尊重价值规律,激发市场活力,又能防止失序混乱,防范化解重大风险,特别是在必要时集中力量办大事要事难事,走出了一条中国特色社会主义经济现代化发展道路。

第五,就现代化的国际关系而言,西方式的现代化建立在对于其他落后国家和地区的侵略和殖民基础之上,巨量侵吞弱小国家和落后民族的财富,甚至对其造成巨大灾难,造就了一个特殊的残酷的殖民主义时代,构建起霸权主义世界体系,这也使得很多后发国家很难既促进经济快速发展又能保持自身独立。

中国式现代化新道路以民族独立和人民解放为前提,从来没有欺负、压迫、奴役过其他国家人民,彻底破除了帝国主义对于中国的一切不平等条约,对内坚持独立自主,自力更生,把生存和发展的命运牢牢地掌握在自己的手中,对外高举和平、发展、合作、共赢旗帜,奉行独立自主的和平外交政策,坚持走和平发展道路,推动建设新型国际关系,反对霸权主义和强权政治。

中国在推动自身发展的过程中,也在积极主动履行国际义务,以中国的新发展为世界提供新机遇,通过共同推进"一带一路"建设,与相关国家共商共建共享,合作共赢,共同推动构建人类命运共同体,彰显中国道路及其世界意义,走出了一条中国特色的和平发展的现代化道路,引领人类文明发展的健康方向。

第六,就现代化的文化根基而言,西方式的现代化有自己的文化传统,却也凭借现代化的优势向世界各国输出文化,推行文化霸权,奉行文化帝国主义。

中国式现代化新道路则坚持以马克思主义为指导,坚守中华文化立场,立足当代中国现实,结合当今时代条件,发展面向现代化、面向世界、面向未来的,民族的科学的大众的社会主义文化,推动社会主义精神文明和物质文明协调发展。

中国在推进社会主义现代化的进程中,既向所有世界优秀文化学习,但又不是简单照搬,从而促进文化建设中的创造性转化和创新性发展,走出了一条中国特色社会主义文化现代化发展道路。

第七，就现代化的根本目的而言，西方式现代化是在各国的历史和现实基础上以资本逻辑为基础自然生成和构建的，中国式现代化新道路则把现代化与人民幸福和民族复兴有机结合起来，中国共产党把为中国人民谋幸福和为中华民族谋复兴作为初心和使命，统筹推进"五位一体"总体布局和协调推进"四个全面"战略布局，致力于建成富强民主文明和谐美丽的社会主义现代化强国，走共同富裕的道路，积极构建人类命运共同体，赋予了世界现代化更丰富的内涵和更高的精神境界，构建起了人类文明新形态。

第二节　中国特色社会主义现代化道路的生成逻辑[①]

习近平新时代中国特色社会主义思想的哲学逻辑的主题很好，但也很难。因为习近平新时代中国特色社会主义思想已经很明确了，但是现在要总结它的哲学逻辑，这是很难的一件事。笔者以为，我们现在没有特别的必要去分析理论这一块与那一块之间的关系，比较重要的是，看一看中国特色到底做了什么，其中有什么进步，这个进步对于中国有什么意义、对于人类有什么意义，然后我们在这里找到它所具有的意义，当然也就说明了习近平新时代中国特色社会主义思想所具有的意义。

所以，从这个角度看来，在人类文明进步与中国特色道路的交汇点上，探析中国特色社会主义现代化道路的生成逻辑，其中我们比较强调的就是"中国特色社会主义现代化道路"这个全称。实际上，我们现在讲"中国特色社会主义"，它后面还应该有"现代化"，即"中国特色社会主义的现代化"。现代化是我们的全部核心，因为从1978年以来，我们最根本的进步就是不再拒斥现代化而是积

---

① 欧阳康.中国特色社会主义现代化道路的生成逻辑[J].中国社会科学评价,2020(1):79-82.

极加入现代化。

现在全面深化改革的目标仍然是推进中国特色社会主义现代化。而且,我们未来30年的目标还是现代化,比如说党的十九大报告明确地给我们提出了未来30年两个阶段:第一个阶段,社会主义现代化初步实现、基本实现;第二个阶段,建成富强民主文明和谐美丽的社会主义现代化强国。

所以,我们认为,始终不能忘"现代化"这个主题词,抓住了现代化才是抓住了人类文明进步的方向。当然,现代化现在也出现了很多问题,这些需要我们来研究。

一、何为哲学逻辑

哲学逻辑就是我们的研究与非哲学的研究到底区别在哪里。笔者以为,哲学的思维区别于非哲学的思维,最根本的就是它有一种至极性倾向,或它要去寻找人类文明思维发展的边界,已经到了边界的,就把它作为前提再加以追问。实际上它反映的是人类的一种本性,叫作"立足有限,追寻无限",而最终能够达到的就是极限。但是每一个时刻、每一个人群、每一个阶段,所达到的极限是不一样的,这个极限,总是哲学思维不断地要去探索和追寻的。

所以从这个意义上来看,我们今天来讲哲学的逻辑实际上就是要帮助我们去认识这个思想、这个文明、这个人群,甚至人类今天已经达到的思想的、理论的和实践的边界。把这个边界找清楚,我们就知道我们在这个过程中做了一些什么工作,还有一些什么样的问题,下一步向哪个方向去走,这实际上是一个方法论的前提。

如果从这个角度来看,习近平新时代中国特色社会主义思想实现了马克思主义中国化新的飞跃,这一重要思想在马克思主义发展史、中华文明发展史和人类思想史上有着重要地位和深远影响。这一思想的形成和发展,意味着中国共产党实现了又一次整体性、突破性的理论创新,明确了新的历史方位,新的时代课题。这一思想能够成为一次理论飞跃,在于它具备相较过去思想不同的要素、不同的理论、不同的观点、不同的体系,甚至构成了一个总体的格局。而这恰恰也是孙麾谈到的"三大体系"的问题,不管是学术的、学科的,还是话语的,都是要找出我们的新东西、新的超越。但是,这个新又不是完全、全新的,它是在人类文明已有的基础上逐渐地通过传承与创新而获得的,所以,这是第一个问题。

二、历史终结论还是文明冲突论

如何看待关于当前中国的两种说法,这个也是有学者谈到的历史终结论和文明冲突论。笔者以为,不是中国道路已经终结了历史终结论,而是中国道路正在挑战历史终结论,因为这个还在过程中,现在因为整个的历史还在发展过程中,福山最后说中国也许真的构成了对历史终结论的一种挑战,但是它有两个前提:第一个前提,如果我们真的化解了压力;第二个前提,如果我们继续获得了稳定和发展,才有可能形成一种终结。

所以,我们不要把福山的这个话看得太绝对,我们要看到这两个前提,因此不是我们已经完成了这个过程,而是我们还在过程中,甚至我们能不能够终结它,还要看我们未来的行动。从这个角度来看,无论是从历史终结论还是文明冲突论,实际上都是需要我们来认真加以研究的。那么很明显,文明冲突论不能说是空穴来风,从亨廷顿提出来以后,我们一直就在思考,最近引起我们实质性关注的是,有人把当前中美的差异变成了一种文明的冲突,这实际上变成了一种谁代表人类文明未来状态、未来形态、未来前景、未来可能性的较量。在这样两个理论的背后当然还包括所谓"中国威胁论"。

当然,其中不乏美国的绝对安全观等,但是,毕竟中国和世界的力量对比已经发生了很深刻的变化,而且在这样一种变化的背后,实际上是要求我们对中国问题有一个更加清晰的认识,我们既不要夸大,也不要缩小,我们既不要妄自菲薄,也不要过于地自夸自傲,要保持一个比较清醒的状态。

所以,关于中国问题的讨论,我们一定要把它放在与世界的关系中看。在某种意义上,笔者以为,今天到了一个时间的节点,就是从至极性思维的角度看,人类现在到了一个自我认识的关键时刻。为什么?大家都需要重新认识道路。无论是特朗普的"让美国再次伟大",还是英国的"脱欧",其实都是在重新选择一种道路。所以从这个角度来看,今天的所有思想理论的纷争,其实就是道路的纷争,都是我们在实践中出了很多问题,需要构建一条新的道路,或者探索一种可能的、更好的道路。一切,都是在这样一个背景下产生的。

三、如何看待中国道路对于人类现代化的超越

我们改革开放以来最大的进步就是现代化,而且我们从现代化中获益。邓小平同志提出"三个面向"——面向世界、面向现代化、面向未来,让中国走进了经济全球化,而且获得了如此巨大的发展。但是,我们仍然需要认真去研究"什么叫现代化"。

现代化并不像我们原来想的那么简单,我们过去讲得比较多的就是工业、农业、科技、国防,后来我们发现现代化其实有非常丰富的内涵。笔者在很多年以前,就曾经把它概括为"六化",而且这"六化"到现在为止都非常有意义。

第一化是理性化,其实就是以"解放思想"开头的这样一种近代思想运动。从文艺复兴一直到西方资本主义,包括空想社会主义,包括各种形式的资本主义的理论。

然后,在理性化的背后其实是工业化。工业化其实就是一种现代化的大生产,尤其是以分工和合作这样一个机构和体系建立起来的,每个人的能力片面地高度发展,又通过一条有机的生产链

而建构起来高度发展的全面的生产体系。

第三个是市场化。有了工业化就一定要有大市场,当年的航海贸易就是国际贸易。有了市场就一定会有大都市,都市变成了公共社会服务和公共社会生活的一个基本点,这就有了现代化的大都市。

第四化即都市化,是近代以来人类文明最重要的进步,在这个过程中我们有了铁路、有了飞机。

第五化实际上是民主化。如果没有了民主政治,人类文明难以想象怎么样来整合人群。

此外,还需要有第六化,就是法治化。民主和法治永远内在相关,如果没有了民主,那么我们的法治就基本上无法真正地去落实。但是如果仅仅有民主没有法治,那么民主的积极作用就很难发挥,它有可能变成一种极端个人主义,而且法治也是如此,所以它们之间内在地交织着。

我们过去长期对现代化的认识是片面的,现在我们逐渐地达到了一种比较全面的认识。如何去贯彻它,我们还要重视现代化的价值二重性问题。为什么改革开放以来,我们现代化取得了巨大的进步,但社会也出现了如此多的问题?

其实我们忽略了现代化的这"六化"背后作为当年的资本主义原初形态的东西,它们各自都有自己的毛病。比如说,强调了理性,可能就会忽略人的非理性,那就变成了所谓"单向度的人";强调了工业化,可能就会有单一化;强调了市场化,可能就会崇拜金钱;强调了都市化,可能就会真正地遇到各种形式的都市病;单纯的民主也会导致极端个人主义的演化,很多人早已经提出了疑问,单纯的民主不一定是人类文明的,但是一定和法治相关联;强调法治,其实在很大程度上只是一种形式公正,缺少实质公正。

所以,我们过去长期以来对现代化,首先是对它的本来意义就认识不清,对它可能的负面效应也认识不清,我们就可能在现代化中出现很多的问题。在这样的背景下,我们中国又走过了一条这几百年来现代化历程中与迄今为止的所有模式不同的道路。

迄今为止有哪些模式呢？笔者认为一共有五种模式。一个就是当年的西欧模式。从葡萄牙开始，最后比较标志性的当然是英国模式，它形成了自由主义经济。还有北欧模式，后来的比较经典的是美国模式，美国模式其实超越了西欧模式。后来又产生了苏东模式，苏东模式最大的特点就是也曾经搞现代化，而且一度还搞得不错，但是最大的问题就是想在大一统的经济基础上来搞现代化。那么接下来是东亚模式，李光耀、马哈蒂尔力倡"亚洲价值观"，包括我们通常讲的所谓"亚洲四小龙""亚洲四小虎"，强调我们东亚的现代化。

西欧、北美的现代化最大的特点就是三个要素：市场经济、议会民主再加上新教伦理。东亚不一样，东亚是市场经济再加上大多受中央集权和儒家伦理传统的影响，把儒家伦理凸显出来了，所以亨廷顿说21世纪文明冲突，中华文明尤其是儒家文明将要扮演主要的角色。

这五种模式其实我们都学了，不管是原初的还是后来的，但我们不是任何模式的简单照搬。不照搬最大的优势就是，我们在这个过程中又保持了社会主义的因素。

所以"六化"里面，在理性化上中国也经历了一场深刻的思想解放，这就是我们哲学看到的，实践是检验真理的唯一标准。我们不是资本主义的思想解放，我们是社会主义国家，我们的思想解放是马克思主义指引下的思想解放。我们坚持了工业化和市场化，而且通过市场、都市、民主、法治的全面构建，中国特色社会主义现代化道路就越走越宽了。所以，这是第三个问题，如何看待中国道路对于世界现代化的传承与超越。

四、如何看待对于社会主义的传承与超越

中国特色社会主义现代化最大的好处就是把人类文明迄今为

止的很多重要元素都整合起来了。我们过去认为社会主义的核心要素是公有制、计划经济、按劳分配,当然还有无产阶级专政的政权。

邓小平同志当年为什么说既要改革开放,又要坚持四项基本原则?其实这是保持了一个非常好的平衡,但我们在实践中会有一些摇摆,我们对这个问题后来逐渐达成了比较清醒的认识,比如说原来讲的公有制这个问题。

实际上,列宁提出的有别于战时共产主义政策的"新经济政策",就是基于当时俄国具体国情,即政治经济文化等基础方面都欠发达,没有先进的生产力,没有成熟的无产阶级,也没有大的公有制的物质基础而言的。列宁深刻认识到,在农民占人口绝大多数,生产力十分落后,文化程度低,资本主义尤其是国家资本主义发展不充分,比西欧最落后的国家还要落后的国家向纯社会主义形式和纯社会主义分配直接过渡,是俄国力所不及的事情。社会主义国家一开始面临的问题就是一个贫穷落后的国家,在这种条件下,列宁当时采取了"新经济政策",毛泽东同志采取了土地所有制改造、城市工商业所有制改造。

在邓小平同志的带领下,我们有一个重大的转变:第一,公有制的改变。公有制保持主导地位,但是我们并没有单一公有制,我们让多种所有制并存,中国的所有制已经是世界上最多的。无论是从公有的内部来看还是从私有的内部来看,民营的、外资的、合资的、独资的。尤其是现在讲的混合所有制,这是一种非常奇妙的结合,而且这个东西在世界上从来没有哪个国家把它结合起来了。我们有许多国家不具备的优势,我们拥有许多国家不具备的活力。

再比如计划和市场的问题,这也是一个非常神奇的结合。原来我们都认为,社会主义就是计划经济,结果我们把市场经济搞起来了。这对于西方资本主义来说是难以想象的,他们从来没有想到过的事情,我们可以一路走来,而且没有出现重大的问题,尽管其中的跌跌撞撞是不断的。

但是我们总体上实现了一个市场和政府的结合,虽然这个问题直到现在我们也没有完全解决,比如说十八届三中全会明确提出的是市场的决定性,原来我们讲基础性作用,现在叫决定性作用。什么叫决定性作用？还要不要政府？政府的作用在哪里？我们以为,核心的问题还是政府要发挥好作用,即处理好政府和市场的关系,更好发挥政府作用,对市场进行积极有效的引导、调控和规制。

再如按劳分配的问题。现在很明显,中国的分配形式是最多的,按劳分配的、按资分配的、按生产要素分配的,等等,就是只要我们能创造社会财富,我们就获得一份属于我们的回报。这是一个好社会应该有的东西,但是它其实也给我们很大挑战,因为所有这些其实难以组合成一个有机的国家治理体系。当把这么多东西整合进来了以后,如何实现一种真正意义上的有机组合？当前我们说的不平衡不充分,不平衡主要指我们民生领域还有短板,城乡区域发展和收入分配差距较大,比如居民收入不平衡；而不充分则指发展质量和效益还不高,创新能力不够强,社会矛盾和问题交织叠加,国家治理体系和治理能力有待加强等。

所以,在今天要看一下中国国家治理如何实现一种高度的整合。中国学术不能走向自娱自乐、自言自语、自我欣赏,如果我们不关心社会,社会就一定会把我们抛弃。所以笔者以为,做哲学研究、做学术,一定要关心实践、走进实践。无意之中走到了国家治理,这些年的关注及研究发现,它对我们提出了很多值得探讨的理论与现实问题。

第三节　中国现代化实现跨越式发展的几个核心要素[①]

新中国成立以来,尤其是改革开放以来,在中国共产党领导

---

① 欧阳康.中国现代化实现跨越式发展的几个核心要素[J].人民论坛,2021(24):24-27.

下,中国取得了举世瞩目的历史性成就,实现了前所未有的历史性变革。然而我们也必须看到,这不是一个轻而易举、一蹴而就的发展过程,而是经历了由发展理念、价值取向和制度构建多维合一的思想探索和实践构建过程,是一个通过试错而不断探索、变革和创造的过程。

一、走出现代化思想误区,坚持以马克思主义为指导

现代化是近代以来人类文明的巨大进步,中华民族在对现代化的认识上经历了一个曲折的理解和探索过程。世界现代化如果从其思想源头文艺复兴算起至今有约700年的历史,如果从英国工业革命算起也有200多年的历史。

1840年鸦片战争后,中国国门洞开,我们才知道世界现代化已经发展到了相当水平并且正在走向全球化,我们被动地体验着现代化、认识着现代化。现代化伴随着帝国主义的洋枪洋炮进入中华民族的视野,所以中华民族对现代化的认识有很多误解,经历了一个由畏惧、追寻、脱离、误解、拒斥到自觉追求的曲折的认识历程。

在相当长的时间里,中华民族有一种深沉的心态,那就是畏惧现代化。在这个过程中,尽管我们努力地学习器物现代化,兴起了洋务运动,花巨资购买洋枪洋炮,组建了福建水师、北洋水师等,但是我们从骨子里仍然对现代化怀有畏惧和疑虑,长期没有把现代化看作一种进步,陷入"现代化的围城"。

洋务运动主要是学习西方的器物现代化,希望通过中国的器物现代化来抵御西方现代化。后来我们逐渐学科技、学教育、学管理等,但一直有一种追问:到底应当是"中体西用",还是"西体中用"?这其实是一个巨大的误解。应该说,一个国家、一个民族的"体"和"用"之间是内在相关的,就像一个硬币的两面。

随着中国经济社会的逐渐发展,一些先进思想家也产生了学

习西方现代化的强烈愿望,其标志性事件是发动了辛亥革命、五四运动等。五四运动倡导"科学"与"民主",实际上是希望能够向西方学习现代化。当时一些思想家反思中国的国民性,一些学者甚至主张全盘西化,产生了中华文化与西方文明发展之间的强烈对比和巨大反差。

在这个过程中,我们有了强烈的愿望,提出了一些积极的思想理论,也尝试进行探索,但是由于1927年第一次国共合作破裂,中国陷入内战,从土地革命战争、抗日战争到解放战争,我们基本顾不上搞现代化,经历了一个从畏惧现代化到追求现代化,再到脱离现代化的过程。新中国成立以后,我们有了搞现代化的强烈愿望。1954年9月23日,周恩来在第一届全国人民代表大会第一次会议上所作的政府工作报告中提出:"我国的经济原来是很落后的;如果我们不建设起强大的现代化的工业、现代化的农业、现代化的交通运输业和现代化的国防,我们就不能摆脱落后和贫困,我们的革命就不能达到目的。"

经历长期的思想探索,追寻现代化和谋求民族复兴成为中国人民内心深处最基础、最根本、最深层、最重要、最持久的梦想。在马克思主义指导下,中国共产党领导中国人民推翻了"三座大山",建立了新中国,实现了民族独立与人民解放,走上了社会主义道路,并以此推进中华民族伟大复兴。

二、探索社会主义现代化,确立价值坐标

民族复兴必须走现代化的道路,这是近代以来中华民族最为深刻的思想进步。实现中华民族伟大复兴,不可能走与西方现代化相伴随的资本主义道路,而必须走社会主义道路,这是数十年中国革命和建设的经验教训得出的根本结论。

把社会主义与现代化内在地结合起来,探索中国特色社会主义现代化道路,成为中华民族伟大复兴进程中必须完成的伟大时代使命,这也是中华民族伟大复兴既具有中国意义也具有世界意义的根本。对于这个问题的探索与实践,贯穿于中国共产党百年的革命史和建设史,并且作为一个核心的价值目标,推动党和国家各项事业发展。

中国走上社会主义的道路,对中国和世界都产生了巨大影响,它使得马克思主义在经历了欧洲革命、俄国十月革命以后在中国革命中取得了巨大的成功,使世界上人口最多的国家走上社会主义道路。

以毛泽东同志为核心的中国共产党第一代中央领导集体把中国社会的发展目标直接指向了现代化,其最明显的标志就是1954年9月召开的第一届全国人民代表大会第一次会议,周恩来提出,我国要"建设起强大的现代化的工业、现代化的农业、现代化的交通运输业和现代化的国防"。

1964年12月21日,周恩来在第三届全国人民代表大会第一次会议上宣布了实现四个现代化的宏伟任务,即"把我国建设成为一个具有现代农业、现代工业、现代国防和现代科学技术的社会主义强国"。

客观来说,新中国成立后,中华民族对于现代化的追寻并不是一帆风顺的,我们遭遇了帝国主义的封锁,遇到了苏联修正主义的干扰,也曾经出现了一些思想失误,对现代化存在误解。但是这并没有阻挡中华民族对现代化的追寻和通过现代化实现民族复兴的强烈愿望,反而使现代化意识变得越来越强烈、越来越清晰、越来越明确。

1978年,《实践是检验真理的唯一标准》一文发表后,引发了一场全国范围的哲学讨论,回归马克思主义的唯物主义认识论、实践论、辩证法、真理观和历史观,回归马克思主义的本真精神,帮助人们更加科学地认识世界和更加合理地改变世界。由于从思想体系和方法论上解决了问题,就有了思想解放,现代化成为中华民族的时代主题。中华民族内在的创造力前所未有地被激发出来,社会主义现代化事业取得巨大成就。

就其进程而言,40多年来的社会主义现代化建设有五个显著特点:第一,现代化的地位越来越高,它不再是一个策略性和局部性的问题,而是一个战略性和全局性的问题,成为中国的总体国家战略和社会发展的重要目标。

第二,现代化的范围越来越广。中国的现代化以极大的努力融入世界现代化进程,成为全球生产体系的内在组成部分。

第三,现代化的内容越来越多,从工业、农业、科技和国防现代化拓展到物质文明和精神文明,进而拓展到经济、政治、社会、文化、生态、教育、军事、法治等所有领域,统筹推进"五位一体"总体布局,提出了推进国家治理体系和治理能力现代化。

第四,现代化的层次越来越高,从生产方式、生活方式、交往方式、制度体系、行为规范等,渗入社会生活的方方面面,获得了广泛发展。

第五,现代化的速度越来越快,社会活力越来越大,发展动力越来越强,形成了一个加速发展进程。在这个进程中,中华民族的创新创造活力得到了极大的激发,从每一个个体到整个民族,都形成极为强烈的追寻发展的迫切愿望。创新创造成为当代中华民族最为重要的精神气质和实践品格。

思想解放带来了人的解放、民族的解放,也释放出巨大的创造力,而且这种创造力随着中华民族的发展越来越强烈,我们在认识世界、认识自我,在改变世界、改变自我过程中达到一种前所未有的高度自觉。

中华民族以前所未有的开放心态向世界学习,向现代化国家学习,可以说,只要符合中国社会发展需要的,无论是科学技术、生产方式、管理方式、民主政治、法治建设,甚至治理模式,我们都在全面地学习。

通过对现代化的学习、研究、建设、探索、变革、创新,我们逐步加入人类文明的现代化进程,获得了极大的发展空间,在工业、科技、文化、教育等方面有了全面的进步。

现代化的巨大成就不仅为中国社会发展奠定了强大的物质基础,也为世界经济发展注入了活力。我国在一些领域逐步接近或达到了国际先进水平,接近人类文明发展的高地,甚至在一些领域里成为世界文明高地。

三、推进国家制度和国家治理体系建设,为现代化提供制度力量

中国共产党历来高度重视制度建设。党的十八大以来,以习近平同志为核心的党中央明确提出推进国家治理体系和治理能力现代化,使制度优势真正转化为治理效能。我国形成了支撑中国特色社会主义制度的根本制度、基本制度、重要制度,为现代化提供了必要的制度保障。

坚持和完善中国特色社会主义根本政治制度,使之成为中国社会发展的根本和基础,同时又不断地加以变革和创新,使之中国化、时代化、大众化。

就指导思想而言,我们始终坚持马克思主义在意识形态领域的指导地位,不断推进马克思主义中国化、时代化、大众化,不断开辟马克思主义新境界,产生了毛泽东思想、邓小平理论、"三个代表"重要思想、科学发展观、习近平新时代中国特色社会主义思想。

我们坚持和加强党的全面领导,坚持全面从严治党,坚定不移推进党的伟大自我革命,不忘初心、牢记使命,坚持真理,永葆党的生机活力。我们始终坚持科学社会主义基本原则不动摇,开辟了一条中国特色社会主义道路。我们坚持工人阶级的国家领导阶级地位,坚持人民主体地位,坚持和完善人民代表大会制度,更好地将全面依法治国和全面从严治党内在结合起来,坚持依法治国和以德治国相结合,实现法治和德治相辅相成、相得益彰,保持制度稳定性。

基本制度包含了政治、经济和法律等方面,各项制度根据各自的内容和特点,在实践中不断加以推进。我国的基本政治制度包括中国共产党领导的多党合作和政治协商制度、民族区域自治制度、基层群众自治制度,在数十年的历程中不断加以实施,并在实施中不断完善,为现代化提供最广泛的政治基础。通过人民政协和统一战线,我们最大限度地发挥各民主党派的作用,使得各种政治力量能够积极参与政治生活,调动各方面的积极性。

我国的基本经济制度处于不断的调整和变革中,并在这个过程中不断探索、丰富和完善,由原来的单一公有制经济转变为公有制为主体、多种所有制经济共同发展,使得中国的所有制形式多样化。其最大的特点是,我们并没有像一些国家那样彻底取消公有制,而是保留了公有制经济,为社会主义基本经济制度和经济社会宏观发展发挥"压舱石"的重要作用。

正是公有制经济的存在,才可以保证不管国际和国内经济形势如何变化,我们都有可以依赖的基本经济实力,不仅可以集中力量办大事,还可以为应对各种风险提供足够强大的战略储备和经济基石。

与此同时,我们通过鼓励发展多种所有制经济,吸收引进了各种形式的个体经济、私营经济、外资经济等。其中巨量外资进入中国,不仅为中国现代化带来了资金,也带来了理念、技术和管理等,加速了中国的现代化进程。

民营经济最大的特点就是充满活力,能够吸引各种社会资源和社会力量服务于中国经济社会发展,既满足了社会发展的需要,又能够调动广大人民群众参与现代化建设的积极性,为中国经济的快速稳定发展提供了非常重要的基础。

改革开放以来,我国形成了按劳分配为主体、多种分配方式并存的社会主义基本分配制度。在这个分配体系中,劳动可以得到相应的报酬,资金可以得到相应的利润,技术可以入股参加分红,管理也发挥了积极的作用,等等。各种形式的生产要素都能够有机地融入生产过程中,促进了社会生产力的发展,为经济发展提供动力和活力,极大地调动了社会成员的积极性。

从经济运行形式来看,从传统的计划经济体制向社会主义市场经济体制转变,把计划与市场内在地有机结合起来,这是中国经济发展的一个重要密码。计划经济体制的最大弊端是过于集中,缺乏活力,难以激发创造力,而市场经济体制的特点之一就是能够根据需要来决定生产、根据市场来决定交易等,使经济发展能够更加灵活地应对市场变化,给经济发展带来活力。但单一的市场经济仅仅依托于价值规律,也可能导致无序竞争,造成经济混乱,甚至引发经济危机。

中国经济发展的最大特点在于我们并没有放弃政府对经济运行的宏观调控,而是把政府宏观调控建立在尊重市场经济发展规律和价值规律的基础之上,由此创造了一种全新的以市场经济为主导并辅以政府合理宏观调控的模式。

1992年党的十四大明确提出建立社会主义市场经济体制的目标以来,我们对市场作用的认识不断深化,从开始的辅助性作用到基础性作用再到决定性作用,同时依托于市场发展和对市场经济的认识,不断推进政府职能转变,形成了把有效市场和有为政府内在结合起来的运行机制。

2021年3月13日,《中华人民共和国国民经济和社会发展第十四个五年规划和2035年远景目标纲要》正式发布,指出"坚持和完善社会主义基本经济制度,充分发挥市场在资源配置中的决定性作用,更好发挥政府作用,推动有效市场和有为政府更好结合"。

正是通过把市场活力与政府善治内在地结合起来,我们才能够更好地解决公平和效率的问题。在传统的公有制、按劳分配和计划经济条件下,社会生产力水平低下,只能以低水平意义上的公平优先,通过配给制方式保证大家都能得到最为必要而又有限的生活资料,这有利于保障社会的稳定,但却很难调动大众的积极性和促进社会快速发展。

原来我们认为,计划经济以公平优先,市场经济就是以效率优先,但是简单地谈公平优先或者效率优先都是不够的。我们进一步深入探讨生产和分配的多层次关系。在进一步发展中,我们提出,初次分配和再分配都要兼顾效率与公平,再分配更加注重公平。

党的十九届五中全会进一步探讨第三次分配中的公平和效率问题,并提出"人民生活更加美好、人的全面发展、全体人民共同富裕取得更为明显的实质性进展"的目标任务。

综上所述,思想、价值、制度三个方面构成了推动中国现代化进程的主要方面和核心要素。其中,通过廓清思想迷雾和推进思想解放,为现代化建设构建起最为强大的主体性队伍,并激发出最强大的动力和活力;通过艰难曲折的价值选择,探索中国特色社会主义现代化道路,始终坚持中国特色社会主义方向;而中国特色社会主义国家制度和治理体系,则为中国现代化的加速发展提供制度保障。

思想、价值、制度三者之间互为条件、内在激荡、融为一体,将各种资源汇聚成推进中国特色社会主义现代化建设的强大力量,不断实现人民对美好生活的向往,造福中国人民,同时促进世界现代化进程,造福世界人民,朝着构建人类命运共同体方向不断迈进。

第四节 多维探析中国式现代化新道路[①]

在庆祝中国共产党成立100周年大会上,习近平总书记代表中国共产党和中国人民向世界庄严宣告:"中华民族迎来了从站起

---

① 欧阳康.多维探析中国式现代化新道路[N].中国社会科学报,2021-12-19.

来、富起来到强起来的伟大飞跃,实现中华民族伟大复兴进入了不可逆转的历史进程!"①中华民族伟大复兴,走的既不是传统社会主义的道路,也不是西方现代化的老路,而是中国特色社会主义现代化道路。

正是通过中国特色社会主义现代化道路,中国共产党带领中国人民在短短几十年的时间走完发达国家几百年走过的现代化历程,将世界百年未有之大变局成功转化为中华民族健康快速发展的战略机遇,创造出"经济快速发展"和"社会长期稳定"这两个世所罕见的奇迹。

中国式现代化新道路,就是中国特色的社会主义现代化之路,既是科学社会主义的中国特色之路,也是世界现代化的中国发展道路,又是中华民族的伟大复兴之路,还是对于人类文明新形态的创造之路。通过中国式现代化新道路,具有悠久历史传统的中华文明以全新形态进入当代人类文明体系,展示出其特有的价值和意义。

一条道路是否有价值及其价值大小,是由其对一定国家和人民的贡献大小来决定的。中国式现代化新道路的最重要价值,就是推进中华民族伟大复兴,让中国人民通过在中国共产党带领下的百年奋斗,实现了跨越式发展,站在了民族发展的时代制高点,也站在了人类文明发展的制高点。

中国的快速发展是经济、政治、科技、教育、社会、文化、生态、国防、外交等各方面的全面发展,彰显了中国共产党的领导伟力和中国特色社会主义的制度优势。目前,中国已成为世界第二大经济体,全面建成小康社会,历史性地解决了绝对贫困问题,开启了全面建设社会主义现代化国家新征程,并由此对人类文明作出重要贡献。

---

① 习近平.在庆祝中国共产党成立 100 周年大会上的讲话[J].求是,2021(14).

一、确立思想引领

现代化是近代以来人类文明的巨大进步,中国式现代化新道路是以对现代化的深刻认识作为自己的必要思想前提的,意味着中华民族在精神上和思想上的伟大觉醒。回顾历史,中华民族对现代化的认识却经历了一个非常艰难的理解过程和曲折的探索过程。

由于现代化是伴随着帝国主义洋枪洋炮而进入中华民族视野的,在一定意义上曾经成为一种带来民族屈辱的外在力量,所以中华民族对"现代化"的认识长期处于扭曲状态,存在很多误解,历经了一个由畏惧、追寻、脱离、误解、拒斥到自觉追求的非常曲折的认识历程。

直到中国共产党人在马克思主义的指引下,带领中国人民推翻三座大山,建立新中国,使中国人民在政治上站了起来,获得了当家作主的地位,恢复了中华民族的自信心,追求民主、自由和解放,走上了社会主义现代化道路,并以此推进中华民族伟大复兴,获得最广大中国人民最热烈、最勇敢、最积极和最持久的支持与参与,获得了最强大的主体性力量。

二、明确价值坐标

中华民族伟大复兴必须走现代化的道路,这是近代以来中华民族历经坎坷曲折奋进得出的最为深刻而又重要的思想结论。但中国共产党人领导中国人民开展的中华民族伟大复兴事业,不可能走与西方式现代化相伴随的资本主义道路,而是必须走社会主义的道路;不能简单地走传统社会主义道路,而是必须走中国特色社会主义现代化道路。

把社会主义与现代化在拥有世界上最多人口的中国大地上内

在地和有机地结合起来,探索一条中国特色社会主义现代化道路,成为新中国成立以来尤其是改革开放以来的伟大时代使命。

对于中国特色社会主义革命道路和现代化建设道路的思想探索与实践运作,贯穿于中国共产党百年革命和建设史,作为一个最核心的价值坐标,引领着党的事业、国家的事业、人民的事业的发展方向,也构成了中华民族和中国社会发展的主旋律。

正是在这个意义上,习近平总书记明确指出,"从第一个五年计划,到第十四个五年规划,一以贯之的主题,是把我国建设成为社会主义现代化国家"。

中国人民造就了中国特色社会主义现代化,现代化也造就了更加开放和更加自信的中国人民。中华民族以前所未有的开放心态向世界学习,向现代化国家和人民学习,向人类文明优秀成果学习。

可以说,只要符合中国社会发展需要,无论是科学技术、生产方式、生活方式、管理方式、交往方式、民主政治、法制建设、文化形态,甚至治理模式,我们都在全面地学习和引入,并根据中国的情况进行整合和再创造,使之融入中国现代化的有机体系。

正是通过对现代化的学习、研究、建设、探索、变革、创新,我们不仅逐步加入人类文明的现代化进程,获得了极大的发展空间,而且在工业、科技、文化、教育、生产、生活等方面获得了全面快速的进步。

现代化的巨大成就不仅为中国人民的发展奠定了强大的物质基础,也为世界的经济发展注入了活力。中国的快速发展成为世界百年未有之大变局的内在组成部分。中华民族经历了对于世界现代化的百年跟跑,现在在一些领域逐步达到了国际的先进水平,接近了人类文明发展的高地,进入了同行阶段,甚至在一些领域里开始占领人类文明发展的高地,不排除在未来一定时期开始领跑,引领人类文明健康发展的方向。

三、彰显制度优势

通过百年不懈努力，中国共产党人坚守一颗初心，智慧统筹全球治理演进和中华民族伟大复兴这两个大局，将现代化的发展逻辑、社会主义的发展逻辑与中华文明的发展逻辑内在地统摄起来，带领中国人民成功探索和创造出中国特色社会主义现代化道路，构建起中华民族伟大复兴的战略全局，展示出鲜明的制度优势，发挥出强大的治理效能，创造出中国式现代化新道路和人类文明新形态。

就其战略地位而言，中国式现代化新道路鲜明确立起现代化在中国国家治理体系中的战略地位，并将其作为始终如一的目标来加以追寻和构建，由此取得了史无前例的巨大成就。

就其发展目标而言，中国式现代化新道路鲜明而又牢固地确立起人在现代化中的核心地位，从根本上超越了以资本和利润为驱动力的西方式现代化。

就其内容体系而言，中国式现代化认真学习借鉴西方现代化的内容结构，根据中国的实际加以探索和创新，形成经济建设、政治建设、社会建设、文化建设和生态文明建设的"五位一体"总体布局，提升到物质文明、政治文明、精神文明、社会文明、生态文明协调发展的新高度，促进人与自然和谐发展，构建起中国式现代化道路的新格局。

就其政治体制而言，中国式现代化新道路鲜明确立起我国现代化的中国特色社会主义性质，加强国家制度建设，推进国家治理体系和治理能力现代化。

就其经济体制而言，中国式现代化新道路确立起多样化的所有制形式、分配方式和市场经济运行体制机制，将有效市场与有为政府内在结合起来，从而既能保证经济总体安全，又能保持经济运行活力。

就其文化根基而言,中国式现代化新道路确立起新时代中华文化建设主题,在马克思主义指导下,学习西方先进文化,推进中华优秀传统文化的创造性转化和创新性发展,发展面向现代化、面向世界、面向未来的,民族的、科学的、大众的社会主义文化,推动社会主义精神文明和物质文明协调发展,构建起中华文化新形态。

就其世界意义而言,中国式现代化新道路不仅服务于中国人民对于美好生活的向往,造福于中国人民,促进了世界的现代化进程,也造福于世界人民,为世界上那些既希望快速发展又希望保持自身独立性的国家和民族提供了中国方案和中国智慧,推动着人类命运共同体向着更加健康的方向发展。

第四章

国家治理现代化的学理旨趣

中国式现代化新道路,就是中国特色的社会主义现代化之路;它既是科学社会主义的中国特色之路,也是世界现代化的中国发展道路,还是中华民族的伟大复兴之路,也是对于人类文明新形态的创造之路。通过中国式现代化新道路,具有悠久历史传统的中华文明以全新形态进入当代人类文明体系,展示出其特有的价值和意义。

本章尝试从解析"数字之谜"来探析中华民族在近代以来的进退兴衰,展示中华民族伟大复兴的跨越式发展进程,彰显中国式现代化新道路的时代功能;从解析"思想之谜"来探析中华民族近代以来追寻现代化的思想进步,彰显中国式现代化新道路的思想境界;从解析"价值之谜"来探析中华民族伟大复兴的价值取向,彰显中国式现代化道路的价值引领;从解析"特色之谜"来探析中华民族伟大复兴战略全局,彰显中国式现代化道路的丰富内涵和制度保障。

正是中国共产党人在以上各方面的综合性理论探索与革命性实践创新,形成了强大的思想指导、价值引领、体系结构和制度保障,成功地创造出中国式现代化新道路,推进着中华民族在现代化进程中的跨越式发展,指引着中华民族伟大复兴的正确方向,构建起中华文明新形态,引领着当代人类文明的发展方向。

第一节　当代中国马克思主义的使命与境界①

当今中国经历过诸多重要历史节点的交汇期:《共产党宣言》发表170周年,马克思诞辰200周年,真理标准大讨论和改革开放40周年,五四运动100周年,新中国成立70周年,中国共产党成立100周年,等等。在这诸多时间节点中,有一条红线为中轴,那就是马克思主义的产生、传播和发展,并形成了中国化的马克思主义。立足如此重要的时代制高点,探讨当代中国马克思主义的使命和境界,对于提升马克思主义研究者的使命意识和境界意识,具有极为重要的意义。

一、传承马克思主义的学脉

从中国的马克思主义研究与马克思主义的关系来看,我们的首要使命是让马克思主义的学脉能够在当代世界和当代中国得到传承。马克思、恩格斯已经离开我们一个多世纪了,马克思主义在自己的发展历程中与人类命运同频共振,取得了很多的成就,得到了很多人的认同,但是也遭遇到了各种各样的挑战和责难,在实践中经历了曲折发展。

这里有两种情况尤为值得我们关注。

一方面,在当今世界,马克思主义仍然存在并保持着很高的影响力。例如,在人类即将进入21世纪时,马克思在英国广播公司(BBC)组织的公开评选中被评为"千年第一思想家"。2006年,马

---

① 欧阳康.当代中国马克思主义的使命与境界[J].马克思主义与中华文化研究,2019(1):59-71.

克思又在 BBC 组织的"全世界最伟大的哲学家"评选中名列第一。这些情况表明马克思主义仍然在当代世界保有较大的影响力。

另一方面,马克思主义在当代世界和当代中国也面临严峻考验。马克思主义的很多理论曾经极大地启发和激励了各国无产阶级,尤其是激发了当时欧洲发达国家的无产阶级起来革命,现在看来这种革命形势基本上不复存在。马克思主义曾经指导了许多国家建立了社会主义制度,而这些制度又以不同的方式遭遇到了极大的挫折。马克思主义激励着一代又一代的共产主义者、社会主义者为之奋斗,甚至被很多人当作自己的信仰。但日裔美籍学者福山提出"历史终结论",表明马克思主义和社会主义在当前世界遭遇了极大挑战。社会主义如果没有了前途,马克思主义的前途又在哪里?

在这样的背景下,从人类思想的总体高度看,在当代世界的思想理论建设中坚持和发展马克思主义就是我们必须肩负的历史使命。当代中国马克思主义研究的第一个使命,就是认真守护马克思主义的学脉,使其继续在当代人类的思想理论体系中占有特殊地位和核心地位,发挥指导作用。对于中国的马克思主义研究者来说,承载着这样一种特殊的使命,那就是要在中国和世界范围内传承马克思主义。这个使命既具有中国意义,也有世界意义。

如何传承马克思主义的学脉?中国的马克思主义研究者需要继续积极开展以下三项主要工作。

第一,切实回到马克思主义的本真精神。改革开放以来,我们一直强调要"回到马克思"。为什么要回到马克思?因为我们与马克思主义之间自觉不自觉地存在着历史距离和国度距离。历史距离是时间距离,国度距离是空间距离。时间距离和空间距离的同时存在造成了我们理解和接受马克思主义哲学智慧的困难和障碍,甚至因此产生误解。这就要求我们通过积极的思想努力去超越历史距离和空间距离。

马克思诞生在200多年前的德国,《共产党宣言》发表在170多年前的欧洲,二者所依托和关注的主要是当时以欧洲为中心的世界,这是我们与马克思和马克思主义原初形态的最基本的历史距离和时间距离。后来马克思主义传入俄国,引发了俄国革命,从而被中国共产党人学习。中国共产党人不仅通过俄国革命来学习马克思主义的实践意义,还通过俄文版的翻译作品来学习马克思主义,这又增加了与马克思主义经典作品之间的文本间距。

随着时间的流逝,对于当代马克思主义研究者而言,就我们所生活的物理时间和物理空间来看,我们离马克思所生活的那个时代和原初形态的马克思主义越来越远,但也正因为如此,需要我们在思想上努力超越这些历史距离、空间距离,让我们的思想能够回到马克思的时代和语境,去领会他和恩格斯当年创立马克思主义时所针对的问题及其所要阐发的思想本身,在此基础上探析其本真意义。

对于历史的回溯性认识的思想运动叫"反向飞跃",即我们的身体在物理时间里离历史客体越来越远,但思想却有可能通过努力去跨越历史和时间距离,回到历史的某一个时区,并越来越接近历史的客体,求得历史的真实。① 正是在这里可以展示人的思想的超越性和超越力。

什么是马克思主义的本真精神? 不同的人会有不同的看法,国内外对此的理解也存在着巨大的歧解和争论。谁是正解? 谁是误解? 谁是曲解? 更为复杂的是,谁来评判? 谁有评判权? 这里确实存在着某种意义上的解释学循环,也存在着对于马克思主义的解释权还是话语权之争,但是最为根本和重要的是要回到马克思的时代和实践,回到马克思所处时代所面临的问题,回到马克思主义经典作家解读这些问题的文本。

---

① 欧阳康.社会认识论导论[M].北京:中国社会科学出版社,2010:343-345.

对于马克思主义本真精神的理解,值得高度关注的是马克思的墓志铭,就是《关于费尔巴哈的提纲》第11条,"哲学家们只是用不同的方式解释世界,而问题在于改变世界"①。《关于费尔巴哈的提纲》被恩格斯誉为"包含着新世界观的萌芽的天才文件",其第11条可以被看作是新世界观的精髓。在马克思去世后,这段话被恩格斯和共产国际选作马克思的"墓志铭",表明了马克思主义创立者对这段话的重视。

马克思曾经把哲学唯物主义称为实践的唯物主义,它不仅关注如何更加科学地解释世界,更重视如何更加合理地改变世界,尤其是如何更好地通过实践去创造一个更加美好的世界,并在这个世界中实现人对于非人的超越,那就是"按照美的规律来建造"。这也许正体现着马克思主义对人性和人的社会性的理解,并由此展示出对于未来理想社会即自由人联合体的向往,而且要求每个人的自由全面发展成为一切人自由发展的条件,这也许就是马克思主义的本真精神。

第二,继续努力超越对于马克思主义的误解。立足当代中国来守护马克思主义学脉,确实有一个继续清理当代世界和当代中国对马克思主义的误解的问题。

马克思主义的产生在很大程度上改变了人类文明的发展进程,尤其是在20世纪,马克思主义的传播造就了许多社会主义国家,形成了社会主义阵营,马克思主义成为很多政党和国家的指导思想,也因此产生了对马克思主义的各种解读,产生了多种次生形态和派生形态的马克思主义,其中既有真传,也不排除误读甚至曲解。在这个过程中,不仅在国际马克思主义研究中产生了所谓"马克思与恩格斯的对立",也产生了所谓"早期马克思"与"晚期马克思"的争论,而且当前很多国家还存在各种形式的"新马克思主义"

---

① 中共中央马克思恩格斯列宁斯大林著作编译局. 马克思恩格斯全集:第3卷[M].北京:人民出版社,1960:6.

研究和流派,等等。这里我们会遇到与前面相似的鉴别困难。

中国共产党人对马克思主义的学习是从学习和接受列宁主义入手的,后来经历过与斯大林主义、赫鲁晓夫主义等的交集,经历过复杂的思想纷争,犯下过经验主义和教条主义等错误。正是在推进马克思主义中国化的进程中产生了毛泽东思想、邓小平理论、"三个代表"重要思想、科学发展观、习近平新时代中国特色社会主义思想。

中国化马克思主义的最根本点就是要使马克思主义与中国革命、建设和改革实际相结合,超越各种形式的误解,并促进马克思主义的当代发展。在世界范围内,随着苏联解体、东欧剧变,马克思主义也遭遇到很多非难甚至否定。这就特别需要作一个思想清理,仔细甄别出社会主义国家的理论和实践中,哪些是对马克思主义的误读,是否存在对马克思主义的曲解甚至背离,哪些需要与时俱进,由此分清马克思主义应当承担的历史和理论责任。

第三,继续深入发掘和科学阐释马克思主义的当代价值。很多人会问,《共产党宣言》发表170多年了,世界已经发生了很大的变化,为什么我们还要坚持马克思主义?为什么还要把我们所研究和传播的理论叫作马克思主义?这是马克思主义理论研究者需要直面的一个重要问题。对这个问题的回答包含着两个基本方面:一是我们的时代是否还需要马克思主义;二是马克思主义是否还有满足我们时代的理论需要的具体内容。

应当看到,一个多世纪以来,世界确实发生了很大的变化,但世界根本矛盾没有变,人类谋求自身解放和自由发展的历史使命没有变,马克思主义正是为此而产生的,它对于人类更好地认识世界和认识自我、改造世界和发展自我依旧具有重要的指导意义。正是在这一意义上,我们既有坚持和发展马克思主义的必要,也有实现它的可能。

二、引领中华民族伟大复兴

我们一直致力于马克思主义的中国化,中国化马克思主义的当代价值与核心使命是什么?在我们看来,就是指导中国和平崛起,引领中华民族伟大复兴。如果问当代为什么还需要马克思主义,不同的国家会有不同的回答。

那么当代中国为什么还需要马克思主义?从1921年中国共产党成立,接受马克思主义作为指导思想,一路走来已百年有余。在我们的思想历程中一直坚持马克思主义,因为我们相信它能够指导我们的革命和建设。在马克思主义中国化的历程中产生了毛泽东思想,指导了中国革命的胜利;产生了邓小平理论、"三个代表"重要思想和科学发展观,指导了中国改革开放和中国特色社会主义现代化建设事业。

当前中国社会进入了新时代,世界格局发生了极为深刻的变化,中国社会的主要矛盾也发生了深刻变化,中华民族伟大复兴进入关键时期。回顾改革开放的历史进程,中国以前所未有的心态向世界学习,将发达国家以至迄今为止人类文明的一切积极因素都引进中国,并让其发挥了积极的作用。①

在世界舞台上,中国由跟随到同行,甚至在有的领域开始领跑,需要进一步推进马克思主义中国化。习近平新时代中国特色社会主义思想是中国共产党人推进马克思主义中国化的最新成果,全党要认真学懂弄通做实,并在新的理论探索和实践创新中推进其未来发展。

第一,进一步凝聚和提升中国共识。在新时代进一步促进当代中华民族的更大思想和价值认同,提升中国共识,是马克思主义

---

① 欧阳康,等.中国道路——思想前提、价值意蕴和方法论反思[M].北京:中国社会科学出版社,2013:10.

在当代中国最为重要的思想使命。今天的中国可以说是当代世界各国中引进国外资源最多、发展最快、成就最多的国家,同时也是多样化发展范围最广、程度最深、影响最大的国家之一。中华民族的伟大复兴行进在这样一个快速多样化发展的时代,必然面临经济社会和思想文化的多元化挑战。

改革开放以来,我们向世界各国全面开放,各种经济政治思潮和文化都进入了中国,在引进来的同时,我们也发掘中华优秀传统思想文化,二者都获得了长足发展。现在看来,引进来的这些东西多多少少都具有了中国形态,发掘出来的传统文化也都多少具有了现代形态。更重要的是,它们在中国都找到了各自的代言人,有了自己的理论形态,有了一定的群众基础。

不言而喻,它们之间也会存在差异、矛盾甚至冲突,并由此而带来巨大的纷争。这里不仅有思想文化的纷争,也有社会制度的纷争。这些纷争不仅妨碍社会的思想统一和合力的形成,甚至造成社会的分化和对立。应该说社会分化和多样化是必要的和重要的,正是通过分化和多样化,中国社会变得更加丰富多彩,获得了更大发展空间,变得更加鲜活。

但多样化也会挑战主流价值和核心价值。在20世纪的社会主义发展历史上,一些大党和大国,正是由于对价值观念的分化、分裂以至对立缺乏足够的认识和警惕,没有及时和恰当应对,导致共产党解散、国家解体、社会制度崩溃。正是基于这种严重历史教训的深刻警示,党中央反复强调增进共识和加强思想统一,以便更好汇聚力量加速中华民族伟大复兴。

第二,进一步整合和发展中国道路。面对世界各国比较普遍的道路困惑,面对世界范围内的百年未有之大变局,面对从站起来、富起来到强起来的时代机遇,我们需要在全新的世界格局和中国语境中进一步整合、提升和发展中国道路。中国化的马克思主义应当为此作出更大的贡献。

历史地看,改革开放以来中国共产党带领全体中国人民积极探索中国特色社会主义现代化道路,取得了巨大的成就,但我们这几十年的发展总体上看是"摸着石头过河"试过来的,先易后难、梯度发展、全面开放、向各方面学习,把迄今为止人类文明的各种要素都主动或被动地引进了中国,在没有来得及进行更加仔细的价值甄别和价值选择前,这些要素良莠不齐、鱼龙混杂,再加上经济发展不平衡,中国形成了利益格局日益多元分化的复杂局面,社会发展也面临前所未有的挑战。

因此,我们当前面临的最大挑战是如何在新时代将与中国道路相关的各种要素有机结合起来以继续拓展和深化中国道路,这里的要素包含历史的与现实的、中国的与外国的、计划的与市场的、现代的与传统的、政府的与企业的,等等。①

党的十八大以来,我们形成了"五位一体"的总体布局和"四个全面"的战略布局。党的十九大确立习近平新时代中国特色社会主义思想,汇聚起14条基本方略,在理论与实践的结合上取得了巨大进步。现在最重要的使命就是进一步具体谋划从2020年至2050年的两个"十五年"的发展规划,加速推进中国特色社会主义现代化建设,努力建成富强民主文明和谐美丽的社会主义现代化强国。

在这个过程中,我们需要在经济新常态的宏观背景下,真正自觉地将创新、协调、绿色、开放、共享的五大发展理念融入中国特色社会主义的经济建设、政治建设、社会建设、文化建设和生态文明建设中,使之融汇为一条内在协调的有机发展道路。

第三,进一步构建和提升中国治理。中华民族伟大复兴要通过中国特色社会主义现代化道路来保障,而中国道路则需要优秀的国家和社会制度来加以保障。完善和发展中国特色社会主义制度,推进国家治理体系和治理能力现代化,是党的十八届三中全会为全面深化改革确定的总目标,也是对中国共产党和中国政府首

---

① 欧阳康.中国道路及其价值意蕴[J].马克思主义与现实,2011(3):188-192.

次提出的重要任务。经过近70年的努力,中国共产党治国理政进入新阶段,不断推进和提高国家治理体系和治理能力现代化水平。

党的十八大以来,我们在制度建设方面取得了历史性成就,"中国特色社会主义制度更加完善,国家治理体系和治理能力现代化水平明显提高,全社会发展活力和创新活力明显增强"[1]。面向未来,党的十九大报告提出:"必须坚持和完善中国特色社会主义制度,不断推进国家治理体系和治理能力现代化。"[2]而且,在对于中国社会2020年至2050年两个阶段的规划中,都以国家治理现代化作为其重要内容和标志:到2035年,基本实现社会主义现代化,各方面制度更加完善,国家治理体系和治理能力现代化基本实现;到2050年,把我国建成富强民主文明和谐美丽的社会主义现代化强国,实现国家治理体系和治理能力现代化。

这里尤其强调民主法治和国家治理与社会健康和人性善良之间的对应性和共振性。

人性是人之为人的最本质特性,人性的可塑性给了人们的思想精神道德状况极大的发展空间,也造成了善良美好与邪恶丑陋并存等多种复杂情况。现代化进程改变着自然和社会的面貌,也改变着人的精神世界和人性结构特征,需要根据经济政治等状况对其不断加以规约和重塑,使之提升到新的水平和境界。追求人的自由解放和全面发展是马克思主义的根本价值取向,为此必须不断推动人的思想精神道德趋于美好和崇高。

国家治理体系现代化可以不断拓展中国社会的现代化发展进程,同时有效遏制社会发展中的无序,促进中国人的人性结构不断趋于健康和善良。

---

[1] 习近平.决胜全面建成小康社会 夺取新时代中国特色社会主义伟大胜利——在中国共产党第十九次全国代表大会上的报告[M].北京:人民出版社,2017:4.
[2] 习近平.决胜全面建成小康社会 夺取新时代中国特色社会主义伟大胜利——在中国共产党第十九次全国代表大会上的报告[M].北京:人民出版社,2017:21.

三、指引人类文明发展方向

马克思主义不仅关注当代中国,也关注当代世界。从某种意义上可以说,马克思主义在当代中国的使命,同时也是一种世界使命。习近平曾经说过:"中国共产党人和中国人民完全有信心为人类对更好社会制度的探索提供中国方案。"[1]

由于中国的世界地位正在发生非常深刻的变化,马克思主义在当代中国的命运很大程度上也影响着世界的命运和人类的未来。当代人类面临百年未有之大变局,对于这个变局的深度把握和自觉应对,决定着中华民族的未来命运。

马克思主义指引中国和平崛起,加速中华民族伟大复兴,从其基本前提看是要保证中华民族行进在人类文明大道上,从其长远目标看是要指引人类文明的未来发展。在这种意义上,中国共产党人有可能在当代中国马克思主义的指导下,通过对于中国这个最大发展中国家的发展道路的探索和创造而指引人类文明发展方向。

首先,自觉回应"历史终结论"及其争论背后展示的道路困惑。当代世界很多国家正面临着前所未有的道路困惑。

20世纪90年代苏联东欧社会主义阵营解体以后,福山在1992年出版的《历史的终结与最后的人》中提出了"历史终结论",认为人类文明将终结于西方式的自由民主制,"自由民主也许是'人类意识形态演化的终点'和'人类政体的最后形式',并由此构成'历史的终结'"[2]。

他认为,最后的历史是自由民主的历史,在自由民主阶段,人类获得了平等的认可,历史也就终结了。但后来西方发达国家遇

---

[1] 习近平.习近平谈治国理政:第2卷[M].北京:外文出版社,2017:37.
[2] [美]福山.历史的终结与最后的人[M].陈高华,译.桂林:广西师范大学出版社,2014:26.

到了很多挑战,尤其是2008年美国金融危机引发的全球经济危机。于是福山在2017年又说:"历史的终结推迟了;我们现在实际上走错了方向。但历史的发展终将归于自由民主形式,我依旧对此深信不疑。"①而2015年他来到中国考察后不得不承认,中国构成了对"历史的终结"这个观念的最重要的挑战。"如果中国成功化解了各种压力,并且在下一阶段继续保持强大和稳定的状态,那么,我认为中国确实成了自由民主制以外一个真正的替代性选择。"②

正是在这个过程中,西方很多发达国家出现了前所未有的道路困惑。美国总统特朗普在任时追求"让美国再次伟大",在世界上引起极大的争议和批评。作为最老牌的资本主义发达国家,英国正面临着前所未有的"脱欧困境"。已经有半个多世纪历史的欧盟产生了巨大的内部纷争。朝美、中东等问题再度凸显出来,并不时产生剧烈对抗和冲突。

经济全球化、政治多极化、文化多样化、社会信息化内在交织,人类经过二战以来半个多世纪的发展,正在经历着百年未有之大变局,进入了一个新的时代转折点。在这样的背景下,马克思主义指引中华民族伟大复兴,最为重要的是确保中国的未来发展行进在人类文明进步的正确方向和健康道路上,也意味着要为人类文明的未来发展指出正确方向。

其次,自觉回应"修昔底德陷阱"背后的大国博弈。近来我们注意到,在历史的重大转型中曾经出现过的所谓"修昔底德陷阱",似乎正在当前的世界格局中再现,尤其出现在中美两个大国之间。"修昔底德陷阱"是指当一个崛起的大国与既有的统治霸主竞争时,双方都面临危险。公元前5世纪希腊斯巴达与雅典之战正是对"修昔底德陷阱"的佐证。修昔底德认为,使得战争无可避免的

---

① [美]福山.历史的终结被推迟了,我们在实际上走错了方向[N].参考消息,2017-03-23.
② 辛向阳.习近平社会主义政治建设思想探析[J].前线,2018(5):19-22.

原因是雅典日益壮大的力量,还有这种力量对斯巴达造成的恐惧。

这种逻辑如果成立,就意味着一个新兴崛起的大国必然要挑战现存大国,而现存大国也必然要回应这种威胁,这样战争将不可避免。美国哈佛大学肯尼迪政府学院首任院长艾利森教授曾经为此专门著有《注定一战:中美能避免修昔底德陷阱吗?》。

在这样的背景下,中国和平崛起如何可能?这似乎主要取决于两个方面:一方面,中国是否拥有足够的力量和智慧;另一方面,国际上如何看待中国的和平崛起。这些年笔者对这个问题进行了深入的探讨和走访,了解到,没有人否认中国崛起,但也没有人认为中国一定能和平崛起。因为历史上还没有这样的先例。迄今为止的中美贸易摩擦告诉我们,"修昔底德陷阱"并非不可避免,而是需要中美双方以负责任的理性态度来处理两国关系。正确处理这一问题需要极大的智慧,这也是考验马克思主义能否发挥更加积极作用的关键时刻。

最后,科学预见人类文明发展方向。当代人的困惑本质上是对人类文明未来发展方向的困惑。这包含着两个层面的问题。

第一,是否存在一种比较普适的人类发展道路?我们过去认为,整个人类历史就是沿着原始社会、奴隶社会、封建社会、资本主义社会、社会主义社会的道路前进,现在看来好像并没有严格地遵循这一单一模式和单一走势,而是形成多种模式并走向多元趋向。正因如此,我们不断地强调要尊重各国对于社会制度的选择。那么各种社会制度之间有没有一个比较优势的问题,不同道路之间是否存在更好更快更健康的价值取向?

第二,随着经济全球化和世界一体化,不同国家之间的意识形态和价值冲突不但没有消失,反而更加尖锐和突出。尤其是随着全球经济下行压力加大,各国都不得不捂紧了自己的钱袋子,保守主义变成普遍现象。

人类未来到底是走向一种相对而言趋同的道路,还是越来越分化、越来越矛盾、越来越对立?这些都亟须找到答案。面对如此多元复杂的世界格局,作为马克思主义中国化最新成果的习近平新时代中国特色社会主义思想给出了最响亮的回答。习近平主席主张构建的人类命运共同体,倡导不同国家间的共商共建共享,给人类未来发展指明了方向。

正是如此复杂的使命考验着马克思主义研究者的思想和人生境界。马克思主义所承担的神圣使命对马克思主义研究者的学术境界和人生境界提出了双重要求。对此笔者曾经作过形象的比喻,当代中国马克思主义研究者应当更好地发挥三种鸟的功能。

一是猫头鹰。马克思早就讲过,哲学应当是黄昏才起飞的猫头鹰。猫头鹰被称为智慧之鸟。它之所以黄昏才起飞,是因为它要跟在历史的后头去总结和反思,带着厚重的历史感,有充分的历史意识,能够总结历史的经验,方能够站在历史的高度,登高望远。猫头鹰的寓意在于回溯、总结、反思。

二是高卢雄鸡。我们不仅仅要当猫头鹰,还要当高卢雄鸡,要金鸡报晓、瞻前窥远、预见未来;要能够非常敏锐地发现和揭示时代精神,发现社会文明进程中存在的诸多新趋势、新萌芽、新走向,具有更好的超前性、预见性。

三是啄木鸟。大家往往忽略它。为什么是啄木鸟呢?因为一个社会就像一棵大树、一片草原,有各种各样的病虫害、各种各样的社会问题需要去发现、揭露和批判,这样才能更加健康和强壮。其实马克思主义就像西方当代社会的啄木鸟,不断发挥着批判功能。

在这一意义上,我们理论工作者应当同时发挥猫头鹰、高卢雄鸡和啄木鸟的功能,不断强化自己的学术自觉,努力提升自己厚重的历史意识、清晰的时代意识、明确的责任意识,在促进马克思主义的当代发展和促进中华民族伟大复兴中作出更多的贡献。

第二节　中国式现代化新道路的演进逻辑、核心价值与比较优势①

在庆祝中国共产党成立100周年大会上,习近平总书记代表中国共产党和中国人民向全世界庄严宣告,在一个有14亿人口的中国,全面建成小康社会,历史性地解决了绝对贫困问题,开启了全面建设社会主义现代化国家的新征程,中华民族迎来了从站起来、富起来到强起来的伟大飞跃,实现中华民族伟大复兴进入了不可逆转的历史进程!

党的十九届六中全会决议进一步指出,要以中国式现代化道路推进中华民族伟大复兴,指明了推进中华民族伟大复兴的正确方向和可行道路。

尤为重要的是,中国式现代化新道路既学习、传承了社会主义,又不是一些国家曾经走过的传统社会主义道路;既学习了西方现代化的历史经验和发展模式,又不照抄照搬西方现代化的老路,而是走的中国特色社会主义现代化道路。

正是通过中国特色社会主义现代化道路,中国共产党成功带领中国人民在几十年的时间中走过世界数百年现代化的历程,将世界百年未有之大变局成功地转化为中华民族健康、快速发展的战略机遇,创造出"经济快速发展"和"社会长期稳定"这两个世所罕见的奇迹。正如习近平总书记指出的,"中国共产党团结带领人民创造了中国式现代化新道路,创造了人类文明新形态"。

如何理解"中国式现代化新道路"?如何理解当代中国的成就及其创造的"人类文明新形态"?应当看到,中国式现代化新道路,

---

① 欧阳康.中国式现代化新道路的演进逻辑、核心价值与比较优势——中华民族伟大复兴之路的多维探析[J].华中科技大学学报(社会科学版),2022(1):1-8.

就是中国特色的社会主义现代化之路，既是科学社会主义的中国特色之路，也是世界现代化的中国发展道路，还是中华民族的伟大复兴之路，也是对于人类文明新形态的创造之路。通过中国式现代化新道路，具有悠久历史传统的中华文明以全新形态进入当代人类文明体系。

回顾百年来中国共产党所创造的历史伟业，一方面，我们应当看到，中华人民共和国成立以来，尤其是改革开放以来，中国共产党带领中国人民在中国特色社会主义现代化进程中获得了跨越式发展，取得了巨大的历史性成就，我们为之倍感骄傲和自豪；另一方面，我们也必须看到，这绝不是一个轻而易举、敲锣打鼓、热热闹闹和一蹴而就的发展过程，而是一个经历了由发展理念、价值选择和制度构建多维合一的思想探索和实践构建的过程，是一个通过试错而不断探索、变革和创造的过程。

本节尝试从解析"数字之谜"来探析中华民族在近代以来的进退兴衰，展示中华民族伟大复兴的跨越式发展进程；从解析"思想之谜"来探析中华民族近代以来追寻现代化的思想进步；从解析"价值之谜"来探析中国特色社会主义现代化道路的时代性创新；从解析"特色之谜"来探析中华民族伟大复兴战略全局，探析其丰富内涵与制度保障。

正是中国共产党人在以上各方面的综合性理论探索与实践创新，形成了强大的思想指导、价值引领和制度保障，构建起中国式现代化新道路，推进着中华民族在现代化进程中的跨越式发展，指引着中华民族伟大复兴的正确方向，构建起中华文明新形态，并引领着当代人类文明的发展方向。

一、数字之谜：百年中国道路让中华民族站在时代制高点，彰显强大功能

一条道路是否有价值及其价值大小，是由其对一个国家和人民的贡献来决定的。中国式现代化新道路的最重要价值，就是推

进中华民族伟大复兴,让中国人民通过在中国共产党带领下的百年奋斗,站在了民族发展的时代制高点。习近平总书记指出,一百年来,中国共产党团结带领中国人民进行的一切奋斗、一切牺牲、一切创造,归结起来就是一个主题:实现中华民族伟大复兴。

从历史和学理相交汇的角度看,笔者以为,谈论一个民族的复兴,有两个必要条件:一是在历史上曾经兴盛过,没有兴盛过谈不上复兴;二是兴盛又衰败了,没有衰败则不必要谈复兴。这两个条件对于中华民族都是充分适用的。我们可以通过一些数据来客观回顾中华民族伟大复兴所具有的具体而又深刻的内涵。

第一,古代中国曾经有过相当的辉煌。据历史经济学家研究,从唐宋时期开始中国经济处于世界领先地位,到1820年,中国的GDP在全球范围内占比约33%[①]。当时中国一个国家的GDP比欧洲所有国家的总和还要高出20%。

第二,近代中国曾经有过严重的衰败。1840年鸦片战争以后,中国被迫签订了丧权辱国的条约,割地赔款,受尽欺凌,与世界的差距迅速扩大,到1949年中华人民共和国成立时,中国经济总量在全球经济总份额中仅占4.6%。从1820年的33%降到1949年的4.6%,只用了129年的时间,这是中华民族近代史上最屈辱的历史。

第三,现代中国进入了健康而快速的发展。中华人民共和国成立后,尤其是改革开放以来,中国经济快速发展。对此我们可以借助于美国来比较。

据统计,如果按照美元来算,中国GDP在1978年约1495.41亿,美国的GDP总量是23515.99亿,中国的GDP占美国GDP总量的6.36%,美国的GDP是中国GDP总量的15.7倍。

经过40年的发展,到2018年,中国的GDP总量上升为

---

① 陈文玲.世界经济大变局与中国的大战略[EB/OL].(2021-07-23)[2021-12-01]. http://m.thepaper.cn/baijiahao_13717511.

138948.18亿,是40年前的92.9倍,而美国的GDP总量上升为206118.61亿,是40年前的8.8倍,中国的GDP总量占到美国GDP总量的67.41%,美国GDP总量是中国GDP总量的1.48倍。

中国从2010年起成为世界第二大经济体,到2018年,中国GDP占世界经济总量的16.1%。①

即便是在新冠疫情全球大流行的2020年,中国共产党秉承"人民至上、生命至上"最高宗旨,以举国体制和万众一心相结合,带领全国人民义无反顾打响疫情阻击战,最大限度保障中国人民的生命安全和身体健康,完成脱贫攻坚战,消除绝对贫困,促进经济社会迅速复苏,全面建成小康社会,GDP增长2.3%,成为全球经济唯一正增长的主要经济体。

中国的快速发展当然不仅是指GDP的快速增长,也是经济、政治、科技、教育、社会、文化、生态、国防、外交等各方面的全面发展,其最经典的表述是创造了"经济快速发展"和"社会长期稳定"这两个世所罕见的奇迹。

中华民族迎来了从站起来、富起来到强起来的伟大飞跃,实现中华民族伟大复兴进入了不可逆转的历史进程。这就是中国式现代化新道路给中华民族伟大复兴所作出的重大贡献,无疑也给世界文明和人类进步事业作出了重大贡献。

二、思想之谜:超越现代化的思想误区,确立思想引领

现代化是近代以来人类文明的巨大进步,中国式现代化新道路是以对现代化的深刻认识作为自己的必要思想前提的,意味着中华民族在精神上和思想上的伟大觉醒。但回顾历史,中华民族对现代化的认识却经历了一个非常艰难的理解过程和曲折的探索

---

① 以上数据通过比对当年的美元换算率而得,具体数据来源于世界银行(https://data.worldbank.org.cn/)以及国家统计局(http://www.stats.gov.cn/)。

过程。

对于世界现代化,一般是从英国工业革命算起,而就其思想根源,则应回溯到欧洲文艺复兴,从那时开始到现在已经约700年的历史。与世界现代化在近代以来的快速发展形成巨大反差,曾经有过古代辉煌的中华民族,近代以来已经落伍,却还做着"天朝上国"的迷梦,直到帝国主义的洋枪洋炮打开中国的国门,国人才知道世界现代化已经发展到了相当高的水平并且正在走向全球化。我们在帝国主义的强力入侵和长期欺凌中被动地体验着现代化、认识着现代化。

这一段历史给中华民族留下了深沉的经济之痛、社会之痛、制度之痛、政治之痛,其实最根本的是民族心理之痛,中华民族的民族自尊心和自信心受到严重创伤。

由于现代化借助并伴随着帝国主义洋枪洋炮而进入中华民族的视野,成为一种带来民族屈辱的外在力量,所以中华民族对现代化从一开始就有质疑,对其认识长期处于扭曲状态,存在很多误解,历经了一个由畏惧、追寻、脱离、误解、拒斥到自觉追求的非常曲折的认识历程。

在相当长的时间里,中华民族对于现代化有一种特殊的和复杂的畏惧心理状态。

当时我们主要是关注并努力地学习器物意义上的现代化,兴起了洋务运动,兴实业,办工业,买洋枪洋炮,组建了福建水师、北洋水师等,但是从深层心理结构中我们对现代化仍然持有极大的疑虑,甚至不怀好感,对其感到畏惧和疑虑,陷入一种特殊意义的"现代化的围城"[1]。当时我们搞洋务运动的主要目的是学西方的器物现代化,并希望通过中国的器物现代化来抵御西方式的现代化,这叫作"师夷长技以制夷"。

---

[1] 欧阳康.现代化的"围城"及其超越——兼谈建设性后现代主义的价值取向及其启示[J].求是学刊,2003(1):39-43.

随着时间的推移和发展的需要,我们逐渐地学科技、学教育、学管理、学制度等,但我们在骨子里一直有一种追问:到底应当是"中体西用",还是"西体中用"?近代以来围绕中西关系的长期"体"与"用"之争,其实是一个巨大的误解。应该说,一个国家、一个民族,它的"体"和"用"之间是内在相关的,构成一个有机整体,就像一个硬币的两面。

帝国主义入侵激发了中华民族无数仁人志士的救亡图存运动,太平天国运动、戊戌变法、义和团运动、辛亥革命、新文化运动、五四运动等,一些先进思想家产生了学习和追寻西方现代化的强烈愿望,提出学习西方的"科学"与"民主",深入反思和深刻批判中国的国民性,有的甚至主张不惜"全盘西化",要走西方式的现代化道路。当时的中国,各种思想纷争,各种主义登场,各种道路博弈,中华民族陷入前所未有的思想迷茫。

在这样的特殊背景下,在俄国革命的影响下,马克思主义传入中国,激发了中国的共产主义思想和无产阶级革命运动。中国共产党应运而生。中国产生了共产党,这是开天辟地的大事变。第一次国共合作,共产党、国民党两党协力推翻了北洋军阀。随着1927年国共合作破裂,中国重新陷入内战。从土地革命战争、抗日战争到解放战争,我们基本上顾不上搞现代化,经历了一个从畏惧现代化、追求现代化到脱离现代化的漫长过程。

中华人民共和国成立以后,在中国共产党的领导下,人民当家作主。毛泽东明确提出"为建设一个伟大的社会主义国家而奋斗"的宏伟目标,有了搞现代化的强烈愿望;但也曾经误解现代化,把现代化归结为工业化、重工业化以至于重点提高钢产量,并急于搞现代化,走向了全民大炼钢铁,出现了"浮夸风"和人民公社化运动。

当时我们明确提出了推进现代工业、现代农业、现代科技和现代国防,要搞"四个现代化"。应该说这本身并不错,但是对现代化的这种理解还不够全面。尤其是"由于对国际国内形势的认识逐步发生偏差,指导思想也发生了偏差,最后发生了'文化大革命'这样的全局性的长时间的严重错误,可以说没有找到一条完全符合中国实际的建设社会主义的道路"[①]。这里也包含着对现代化的误解和拒斥。

1978年改革开放以后,中国共产党确立了以经济建设为中心的国家战略,邓小平将现代化作为"三个面向"之一,要求全党全国人民面向世界、面向现代化、面向未来,现代化成为中国社会发展的主旋律。全国人民团结一心,追寻和创造现代化。

正是经历如此严峻的思想失误和长期的思想探索,追寻现代化和谋求民族伟大复兴成为中华民族最广大成员心灵深处最基础、最根本、最深层、最重要也最持久的梦想。

也正是在这样的意义上,中国共产党人在马克思主义的指引下,带领中国人民,推翻"三座大山",建立新中国,帮助中国人民在政治上站起来,获得了当家作主的地位,恢复了中华民族的自信心,走上了社会主义道路,追求民主、自由和解放,并以此推进中华民族伟大复兴,能够获得最广大中国人民最热烈、最勇敢、最积极和最持久的支持与参与,获得最强大的主体性力量。

三、价值之谜:探索中国特色社会主义现代化,确立价值坐标

中华民族伟大复兴必须走现代化的道路,这是近代以来中华民族历经坎坷曲折得出的最为深刻而又重要的思想结论。中国共产党领导中国人民开展的中华民族伟大复兴事业,不能走与西方式现代化相伴随的资本主义道路,而是必须走社会主义的道路,但又不能简单地走传统社会主义道路,而是必须走中国特色社会主义现代化道路。

[①] 2013年6月25日,习近平同志在主持十八届中共中央政治局第七次集体学习时的讲话。习近平.学习党史、国史是坚持和发展中国特色社会主义的必修课[M]//论中国共产党历史.北京:中央文献出版社,2021:17.

这是反思数十年中国革命和建设的经验与教训得出的根本结论。把社会主义与现代化在拥有世界上最大数量人口的中国大地上内在地和有机地结合起来，探索一条中国特色的社会主义现代化道路，成为中华民族伟大复兴进程中必须完成的伟大时代使命。

对于中国特色社会主义革命道路和现代化建设道路的思想探索与实践运作，贯穿在中国共产党百年的革命史和建设史上，作为一个最核心的价值坐标，引领着党的事业、国家的事业、人民的事业的发展方向，也构成了中华民族和中国社会发展的主旋律。

中国特色社会主义现代化的首要前提是中国人民在政治上独立自主。这一过程经历了土地革命战争、抗日战争和解放战争，直到中华人民共和国成立。

这是中国共产党人对于中国人民和中华民族的第一个伟大的贡献，也就是，通过新民主主义革命，让中华民族和中国人民真正站起来，作为一个独立的国家站起来，作为一个自主的民族站起来；在政治上站起来，走上了社会主义的道路。

从中华人民共和国成立开始，中华民族的主题发生转换，那就是从战争走向和平，由革命走向建设，建设一个独立的、民主的和现代化的人民民主专政国家。

中国共产党第一代领导人毛泽东、周恩来等，把中国社会的发展目标直接指向了现代化，其最突出的标志就是在1954年召开的第一届全国人民代表大会第一次会议上，周恩来明确提出要建设现代工业、现代农业、现代交通运输和现代国防。

在1964年底1965年初召开的第三届全国人民代表大会第一次会议上，周恩来更是明确提出了工业、农业、国防和科学技术现代化的发展目标。从那个时候开始，"四个现代化"这个核心价值就开始引领中华民族的伟大复兴。

对此，习近平总书记在十九届五中全会的报告中特别指出，"从第一个五年计划，到第十四个五年规划，一以贯之的主题，是把我国建设成为社会主义现代化国家"。

当然,确立现代化的价值坐标,也并不一定就能保证其始终成为社会发展的目标和方向。客观地回顾历史,中华人民共和国成立以后,中华民族对于现代化的追寻也不是一帆风顺的,而是经历了很多曲折。

中国走上社会主义道路,难免直接地遭遇帝国主义的封锁。1956年苏联共产党第二十次代表大会全面否定斯大林,导致国际共产主义运动分裂,中国共产党不得不由"以苏为师"转向"以苏为鉴",付出相当精力开展与苏联修正主义的论争。

我们自身也曾经出现一些思想失误,有过对现代化的简单化误解,等等。但是所有这一切并没有消解中华民族对于现代化的追寻和通过现代化实现中华民族伟大复兴的强烈愿望,反而使中国共产党人和中国人民的现代化意识变得越来越强烈,越来越清晰,越来越明确,越来越自觉。

通过1978年关于"实践是检验真理的唯一标准"大讨论,中国共产党人回归马克思主义的唯物主义认识论、实践论、辩证法、真理观和历史观,回归马克思主义的本真精神,那就是帮助人们更加科学地认识世界和更加合理地改变世界。[1]

由于从思想理论和方法论的根本上解决了问题,就有了思想解放,有了十一届三中全会,有了改革开放,现代化成为中华民族的时代性主题。中华民族内在的创造力前所未有地被激发出来,中国特色社会主义现代化成为中国社会发展的主旋律并取得极大进展。

中国人民造就了中国特色社会主义现代化,现代化也造就了更加开放和更加自信的中国人民。中华民族以前所未有的开放心态向世界学习,向现代化国家和人民学习,向人类文明优秀成果学习。

---

[1] 欧阳康.新时代社会认识与国家治理现代化——马克思主义哲学的本真精神、演进逻辑及其当代价值[J].哲学研究,2018(10):13-18.

可以说,只要符合中国社会发展需要的,无论是科学技术、生产方式、生活方式、管理方式、交往方式、民主政治、法治建设、文化形态,甚至治理模式,我们都在全面学习和引入,并根据中国的情况进行整合和再创造,使之融入中国现代化的有机体系。正是通过对现代化的学习、研究、建设、探索、变革、创新,我们不仅逐步加入人类文明的现代化进程,获得了极大的发展空间,而且在工业、科技、文化、教育、生产、生活等方面获得全面的快速的进步。

现代化的巨大成就不仅为中国的发展奠定了强大的物质基础,也为世界的经济发展注入了活力。中国的快速发展成为世界百年未有之大变局的内在组成部分。中华民族经历了对于世界现代化的百年跟跑,现在在一些领域逐步达到了国际的先进水平,接近了人类文明发展的高地,进入了同行阶段,甚至在一些领域里开始占领了世界文明的高地,不排除在未来一定时期开始领跑,引领人类文明发展的健康方向。

四、特色之谜:构建中华民族伟大复兴战略全局,彰显制度优势

通过百年不懈努力,中国共产党人坚守一颗初心,智慧统筹全球治理演进和中华民族伟大复兴这两个大局,将现代化的发展逻辑、社会主义的发展逻辑与中华文明的发展逻辑这三种逻辑内在地统摄起来,带领中国人民成功探索和创造出中国特色社会主义现代化道路,构建起中华民族伟大复兴的战略全局,展示出鲜明的制度优势,发挥出强大的治理效能,创造出中国式现代化新道路,创造出人类文明新形态。①

就其战略地位而言,中国式现代化新道路鲜明地确立现代化在中国国家体系中的战略地位,并将其作为始终如一的目标来加

---

① 欧阳康.中国式现代化新道路新在哪里[N].光明日报,2021-07-19(6).

以追寻和构建,由此取得史无前例的巨大成就。中国共产党的百年奋斗史,可以说就是为中国特色社会主义现代化创造条件、付诸实施并不断创新的历史,展示出清晰的发展演进逻辑。

从成立那一天起,中国共产党就把为中国人民谋幸福、为中华民族谋复兴确立为中国共产党人的初心使命,并通过各个阶段的艰苦奋斗来不懈地加以推进。

通过新民主主义革命推翻帝国主义、封建主义、官僚资本主义三座大山,成立人民当家作主的中华人民共和国,实现了民族独立、人民解放,为开展现代化建设和民族伟大复兴创造了根本社会条件。

通过社会主义革命和建设,确立社会主义基本制度,实现了中华民族有史以来最为广泛而深刻的社会变革,实现了"一穷二白"、人口众多的东方大国大步迈进社会主义社会的伟大飞跃,为开展现代化建设和实现中华民族伟大复兴奠定了根本政治前提和制度基础。

通过改革开放和社会主义现代化建设,开创、坚持、捍卫、发展中国特色社会主义,为现代化建设和实现中华民族伟大复兴提供了充满新的活力的体制保证和快速发展的物质条件。

通过新时代中国特色社会主义建设,为现代化建设和实现中华民族伟大复兴提供了更为完善的制度保证、更为坚实的物质基础、更为主动的精神力量。

就其发展目标而言,中国式现代化新道路鲜明而又牢固地确立人在现代化中的核心地位。把人的现代化作为中国式现代化的核心目标和发展动力,历史性地超越于以资本和利润为驱动力的西方式现代化。

就其数量而言,这里所说的人是指中国14亿人口,中国式现代化造就着世界上人口最多的现代化新中国,其成果惠及世界人口的五分之一。

就其层次而言,这里所说的人是中国的所有人,不分东南西北,不分城市乡村,不分职业行业,不分民族种族,不分男女老幼、老弱病残,惠及所有中国人。

就其底线而言,通过数十年的努力,在一个曾经有6亿~7亿贫困人口的大国,从根本上解决绝对贫困问题,这在中华民族的历史上史无前例,在人类文明史上也属绝无仅有。

就其中端而言,在14亿人口的中国全面建成小康社会,是所有人的小康、每一个民族的小康、每一个人的小康,让中华民族追求小康的久远梦想首次全面实现。就其高端而言,以人民对美好生活的向往作为中国共产党的执政目标,作为中国社会的发展目标,作为现代化建设的核心内容,提升全社会和全体人民的生活品位。

就其未来发展而言,以富强、民主、文明、和谐、美丽为价值目标,开启全面建设社会主义现代化国家新征程。

就其内容体系而言,中国式现代化新道路全面学习、借鉴西方现代化的内容结构,根据中国的实际加以探索和创新,构建起视野更加广袤、内容更加丰富的新型现代化体系。

现代化源自西方,原本具有丰富内容,例如:理性化,以宣传资产阶级思想文化为主要内容的思想革命;工业化,以张扬自然科学和技术为主要内容的大机器生产和与之相应的工业革命;市场化,以航海和跨国贸易为主要内容的商业革命;都市化,以生产社会化和服务规模化为主要内容的城市革命;民主化,以建立资产阶级的民主政治为主要内容的政治革命;法治化,以建立能够保护资产阶级民主政治的法律体系为主要内容的法律革命,等等。[①]

依托于对现代化多种要素的历史理解和实践构建,先后形成不同的现代化道路,例如西欧模式、北美模式、苏东模式、东亚模

---

① 欧阳康.现代化的"围城"及其超越——兼谈建设性后现代主义的价值取向及其启示[J].求是学刊,2003(1):39-43.

式、拉美模式等。中国共产党人以前所未有的开放心态向世界学习,既传承和运用了世界现代化的核心进步要素,也学习借鉴了各种现代化模式的优点,但不照抄照搬,而是根据中国国情和社会主义制度要求,不断拓展对现代化的认识,丰富其内涵。

我们由早期提出工业、农业、国防和科学技术现代化,到以经济建设为中心,拓展到物质文明和精神文明协调发展,进而构建起经济建设、政治建设、社会建设、文化建设和生态文明建设的"五位一体"的总体布局,进而提升到物质文明、政治文明、精神文明、社会文明、生态文明协调发展,促进人与自然和谐发展,构建起中国式现代化道路的新格局。

就其政治体制而言,中国式现代化新道路鲜明确立我国现代化的中国特色社会主义性质,加强国家制度建设,推进国家治理体系和治理能力现代化。

中华人民共和国成立以来,中国共产党就始终高度关注制度建设。1978年以来的改革开放,最大的成就是通过体制机制改革,把世界百年未有之大变局智慧地、成功地转化为有利于中国经济社会发展的强大国际环境和促进中国发展的强劲动力。党的十八大以来更是明确提出国家治理体系和治理能力现代化,强调把中国特色社会主义的国家制度优势转化为治理效能。

总体上来看,中国的国家制度分为三个层面,即根本制度、基本制度和重要制度。我们在坚持和发展的统一中不断推进中国的各个层次的制度建设,为现代化提供了必要的制度保障。从根本制度的层面看,中国的国家制度包含着中国共产党的领导、马克思主义的指导、中国特色社会主义的道路、人民代表大会制度等。我们一方面始终坚持和保证根本制度的稳定性,使之成为中国社会发展的根本和基础,同时又不断地加以变革和创新,使之中国化、时代化、大众化。

就指导思想而言,我们始终坚持马克思主义的指导思想,不断推进马克思主义的中国化、时代化、大众化,并根据中国革命和建设需要创造出毛泽东思想、邓小平理论、"三个代表"重要思想、科学发展观和习近平新时代中国特色社会主义思想。

我们始终坚持和完善中国共产党的全面领导,坚持全面从严治党,尤其重视推进中国共产党的自我革命,让百年老党能够坚守初心,不忘使命,坚持真理,修正错误,保持生机与活力。

我们始终坚持马克思主义的科学社会主义,但又自觉跳出传统社会主义和苏联东欧社会主义道路,成功地探索出一条中国特色社会主义的道路。

我们坚持工人阶级的领导地位、人民群众的主体地位,坚持人民代表大会制度,更好地将全面依法治国和全面从严治党内在结合,把依法治国和以德治国内在结合起来,从根本制度上保持了国家和社会的稳定性。

从中国的基本制度的层面来看,包含了政治、经济和法律等很多方面,对各方面的制度,我们根据各自的内容和特点,在实践中不断加以改进和完善。我国的基本政治制度包含中国共产党领导的多党合作和政治协商制度、民族区域自治制度、基层群众自治制度。对于这些基本政治制度,我们在数十年的历程中始终坚持,切实加以实施,并在实施中不断改进和完善,为现代化建设提供最广泛的政治基础。

我们坚持中国共产党领导的多党合作和政治协商制度与统一战线,实行全过程人民民主。

通过人民政治协商和统一战线,最大限度地发挥各民主党派和无党派人士的作用,推进全过程的民主协商,加强协商民主政治建设,构建起中国特色的新型政党制度,使得社会各种政治力量能够积极有效地参与中国社会的政治生活,调动各方面的积极性。

通过坚持和实施民族区域自治制度,我们最大限度地保证了各民族地区人民的权益以及其对中国社会经济政治文化生活的参与,56个民族像石榴籽一样紧紧地抱在一起,共谋民族复兴大业。

通过坚持和完善基层群众自治制度,不断创造出多样化的形式,调动最广大人民群众参与基层自治、法治和德治的积极性,最广泛地实现人民民主。

就其经济体制而言,中国式现代化新道路确立起多样化的所有制形式、分配方式和市场经济运行体制机制,从而既能保证经济总体安全又能保持经济运行活力。所有制形式、分配方式和市场经济体系,是各种资源有效配置的重要途径,也是现代化经济体制的核心内容(世界上不同国家的现代化模式在这方面存在着很大差异),也是中国改革开放的核心着力点,构成中国式现代化道路的核心内容。

经过数十年努力,中国式现代化新道路创造出极具中国特色的经济运行体系。

就所有制基础而言,我们由单一公有制转向以公有制为主体、多种所有制并存的所有制结构,创造出国家所有、集体所有、外来资本、合作资本、个体资本和多种形式多种比例的混合所有制形式,既有强大的公有制经济能够为国家体系和国民经济提供坚实可靠的主体力量,成为应对各种经济风险的"压舱石",又通过多种所有制形式而获得更大发展空间和更多发展机遇,使社会变得更具活力、更加丰富多彩。

就分配方式而言,我们以按劳分配为主体,多种分配方式并存,努力处理好公平与效率的关系,通过按劳分配激发劳动者的积极性,通过多种分配方式使得各种社会资源能够更加充分地加入社会生产和社会生活中,使社会更加丰富多彩和更具活力。党中央明确提出通过三次分配调节公平与效率,促进社会共同富裕,彰显社会主义本质特征。

就运行机制而言,我国在全世界首创社会主义市场经济体制,一方面积极发挥市场在资源配置中的作用,使其由辅助性作用提升到基础性作用进而提升到决定性作用,赋予经济发展极大活力;另一方面并没有放弃政府的经济责任,要求政府根据经济和社会运行规律发挥必要的、合理的和适度的宏观调控,把"有效市场"与

"有为政府"内在地结合起来,这样既能尊重价值规律,激发市场活力,又能防止失序混乱,防范化解重大风险,特别是在必要时可以集中力量办大事、要事、难事,走出了一条中国特色社会主义经济现代化发展道路。

就其文化根基而言,中国式现代化新道路确立了新时代中华文化建设主题,在马克思主义指导下,学习西方先进文化,推进中华优秀传统文化的创造性转化和创新性发展,发展面向现代化、面向世界、面向未来的,民族的、科学的、大众的社会主义文化,推动社会主义精神文明和物质文明协调发展,构建起中华文化新形态。

中华民族伟大复兴需要强大的文化力量。中国共产党人在马克思主义的指导下,以前所未有的开放心态,开展了全方位、多路向的思想探索与精神创新活动,推进文化创新,提升文化自信。

一是深入发掘和重新阐释中华优秀传统文化与历史智慧,为当代中华民族寻找最为深沉的传统文化之根,又努力促进其创造性转化和创新性发展,使之得以活化,进入当代中华思想文化体系,也使当代中国思想文化变得更加深沉与厚重。

二是向当代世界现代化的先进思想文化学习,为当代中华民族寻找最为先进的现代思想和发展道路借鉴,又努力使之适合当代中国的国情,转化为当代中国社会发展道路,极大提升了中华民族的现代化意识和实践水准。

三是回到马克思,探析马克思主义的本真精神,促进马克思主义的中国化、时代化、大众化,使之成为中国共产党和中华民族的科学指导思想,使中华民族在精神上由被动变为主动。

三种路向的积极探索为当代中国提供了其他任何国家所不可比拟的丰厚的思想资源和文化内涵,极大强化了中国共产党人的历史意识、时代意识和价值意识,更重要的还在于,我们自觉将马克思主义、中华优秀传统文化与西方先进思想文化内在结合起来,既运用于指导当代中国实践,赋予其丰富的精神内涵,又立足于当代中国人民的实践而进行全新的创造,实现了一种创造性转换与创新性发展,通过深深植根于传统,敏锐把握时代精神,坚持正确价值导向,站在当代人类文明进步的精神和价值制高点,从而有可能引领人类文明的未来发展方向,为推动构建人类命运共同体作出更大的贡献。

就其世界意义而言,中国式现代化新道路不仅造福于中国人民,也造福于世界人民。西方现代化以对落后的和弱小国家的欺凌、掠夺和奴役为条件,造就了一个殖民主义的时代。中国式现代化弘扬和平、发展、公平、正义、民主、自由的全人类共同价值,将世界百年未有之大变局转化为中华民族的战略机遇,将国际国内的各种资源汇聚成加速中国特色社会主义现代化事业的强大洪流,构建起中华民族伟大复兴的战略全局,构建起人类文明的新形态。这不仅服务于中国人民对于美好生活的向往,造福于中国人民,也促进了世界的现代化进程,造福于世界人民,为世界上那些既希望快速发展又希望保持自身独立的国家和人民提供了中国方案和中国智慧,推动着人类命运共同体向着更加健康的方向发展。

第三节　中华民族伟大复兴战略全局的核心价值与建构逻辑①

习近平在庆祝中国共产党成立100周年大会上明确指出,一百年来,中国共产党团结带领中国人民进行的一切奋斗、一切牺牲、一切创造,归结起来就是一个主题:实现中华民族伟大复兴。中国共产党的百年历史,既是自觉认识和成功应对世界百年风云迅疾复杂变幻的历史,也是智慧带领中国人民在极度复杂和艰难条件下成功推进中华民族伟大复兴的历史。通过百年艰苦卓绝的

---

① 欧阳康.中华民族伟大复兴战略全局的核心价值与建构逻辑[J].理论与改革,2022(1):1-9.

奋斗，中国共产党带领中国人民探索中国特色社会主义现代化新道路，构建起中华民族伟大复兴的战略全局。

这个战略全局，始终坚持人民利益至上的核心价值，自觉统筹中华民族复兴全局与世界百年变局，将世界现代化、社会主义和中华民族复兴逻辑融汇为中国特色社会主义现代化逻辑，通过道路创新、理论创新、制度创新和文化创新提升"四个自信"，形成全面深化改革、全面依法治国、全面建成小康社会和全面从严治党制度的战略布局，构建起经济、政治、社会、文化、生态文明建设"五位一体"的总体布局，通过中国共产党的自我革命推进伟大社会革命，历史性地消除绝对贫困，全面建成小康社会，开启全面建设社会主义现代化国家新征程，彰显了中国共产党作为百年大党创造百年辉煌的思想智慧和实践创新，也将引领中华民族更好创造新的辉煌。

一、始终坚守一种初心：以人民利益至上的核心价值统摄民族独立、人民解放和国家富强、人民幸福

中国共产党从成立那一天起，就把人民利益至上作为中国共产党的核心，把全心全意为人民服务作为中国共产党的根本宗旨，并始终将其贯穿在争取民族独立、人民解放和国家富强、人民幸福的各方面和全过程，这是中国共产党能够从小到大，由弱到强，不仅创造出中华民族伟大复兴伟业，并能自立于世界各国政党之林，展示百年大党光辉的最根本价值之点。

在1921年中国共产党第一次全国代表大会通过的纲领性文件里，明确提到"推翻资本家阶级的政权，承认无产阶级专政"。在中国共产党第七次全国代表大会上，"全心全意为人民服务"更是作为党的根本宗旨被正式写进党章，明确成为党的根本目的和行为准则。

习近平在党的十九大报告中开篇即指出，"不忘初心，方得始

终"。中国共产党人的初心和使命,就是为中国人民谋幸福,为中华民族谋复兴。这个初心和使命是激励中国共产党人不断前进的根本动力。回望百年,中国共产党人最可贵的是将这种核心价值具体化到中华民族伟大复兴的全过程,并根据其在不同阶段的具体任务,落实到民族独立、国家富强和人民幸福的各方面,贯穿在中华民族伟大复兴的全过程。

讲一个民族的复兴,需要两个条件:第一,该民族在历史上曾经辉煌过。如果一个民族没有过足够的历史辉煌,就没有资格谈"复兴"。第二,该民族辉煌了又衰败了。如果一个民族没有衰败一直兴盛,也就没有必要谈复兴。这两个条件对于中华民族都是充分具备的。

中国曾经有过自己的历史辉煌,甚至曾经从唐宋开始到1820年,中国经济占世界经济总量的三分之一。但近代以来中国闭关自守,丧权辱国,割地赔款,甚至在帝国主义的洋枪洋炮下变成了半殖民地半封建社会。因此,中国人民的根本利益首先是争取民族独立,建立人民自己的国家和社会。

造成近代以来中华民族四分五裂、一盘散沙的重要原因是资本的全球化和帝国主义入侵。资本的全球化是以对落后国家的殖民掠夺和殖民统治为前提条件和实际结果的,造就了一个特殊的殖民时代。资本主义的世界化时代同时也是宗主国的殖民化时代,世界上的很多落后国家都成为西方发达国家的殖民地或半殖民地,产生了民族主义与殖民主义的抗争。

殖民地国家的人民不仅遭遇到本国资产阶级和剥削阶级的压迫与剥削,也受到外来帝国主义列强和殖民统治者的奴役和压迫,而且外来的殖民压迫和国内的阶级压迫往往是融为一体的,因此,对于当地的无产阶级和贫困大众而言,开展无产阶级革命以争取阶级解放,开展民族独立运动以争取民族独立,成为一个过程的两个方面。

近代以来帝国主义入侵中国,造成了中华民族在政治上不独立,在经济上被剥削,在思想上不自由等。帝国主义、封建主义和官僚资本主义成为当时压在中国人民头上的三座大山,因此,中华民族的复兴,首先是民族独立,同时是阶级解放,在此基础上谋求国家富强和人民幸福。

中国共产党的诞生是中华民族伟大复兴的伟大起点。从对上述复杂国际背景的解读中可以看到这个起点所具有的极为特殊的意义:从转变近代以来中华民族与世界现代化的错位关系来看是一个重要的历史起点;从中国共产党引入马克思主义作为中国革命和建设的指导思想来看是个重要的思想起点;从中国共产党领导中国人民开启民族独立和无产阶级革命运动来看是一个重要的革命起点;从中国共产党成为中国革命和建设的领导核心来看是一个重要的政治起点;从中国共产党将人民根本利益至上确立为自己的核心价值来看,是一个为中华民族伟大复兴提供了引领发展方向的价值起点。

从总体上看,中国共产党领导中国人民争取民族伟大复兴的百年历程可以大体分为几个主要时期,即新民主主义革命时期、社会主义革命和建设时期、改革开放和社会主义现代化建设时期、新时代中国特色社会主义现代化建设时期。与之相应,中国共产党人所坚持的人民利益至上的价值取向也分别获得其时代内涵并引领着民族复兴的发展方向。

具体说来,在新民主主义革命时期,中国共产党人通过领导国内革命战争谋求阶级解放;通过参加和领导抗日战争加入世界反法西斯联盟,打败日本帝国主义并站在了世界和平的道义高地,彰显了人类正义的价值制高点;通过解放战争推翻国民党统治,也彻底推翻帝国主义、封建主义和官僚资本主义,实现民族独立,成立中华人民共和国,带领中华民族实现了从封建专制政治向人民民主的伟大飞跃。中国人民从此站起来了,中华民族任人宰割、饱受欺凌的时代一去不复返了!

在社会主义革命和建设时期,中国共产党作为执政党,建立人民当家作主的根本政治制度,推进社会主义建设,为当代中国一切发展进步奠定了根本政治前提和制度基础,为中国发展富强、中国人民生活富裕奠定了坚实基础,实现了中华民族由不断衰落到根本扭转命运、持续走向繁荣富强的伟大飞跃。历史表明,中国人民不但善于破坏一个旧世界,也善于建设一个新世界。只有社会主义才能救中国,只有中国特色社会主义才能发展中国!

改革开放以来,中国共产党人带领中国人民积极加入世界现代化进程,促进社会生产力巨大发展,开辟了中国特色社会主义道路,形成了中国特色社会主义理论体系,确立了中国特色社会主义制度,实现了从高度集中的计划经济体制到充满活力的社会主义市场经济体制、从封闭半封闭到全方位开放的历史性转变,实现了从生产力相对落后的状况到经济总量跃居世界第二的历史性突破,实现了人民生活从温饱不足到总体小康、奔向全面小康的历史性跨越,为实现中华民族伟大复兴提供了充满活力的体制保障和快速发展的物质条件。历史表明,改革开放是决定当代中国前途命运的关键一招,中国大踏步赶上了时代!

党的十八以来,以习近平同志为核心的党中央团结带领中国人民,自信自强、守正创新,统揽伟大斗争、伟大工程、伟大事业、伟大梦想,创造了新时代中国特色社会主义的伟大成就,中华民族迎来了从站起来、富起来到强起来的伟大飞跃,实现中华民族伟大复兴进入了不可逆转的历史进程。①

中国共产党的核心价值在抗击新冠疫情的特殊情况下得到了更加突出的表现和实现,人民至上、生命至上成为中国共产党领导抗疫的核心价值,引领着全国"一盘棋",形成举国体制和万众一心的全新格局,形成病人救治和疫情防控两个第一线,形成了"生命至上、举国同心、舍生忘死、尊重科学、命运与共"的伟大抗疫精

---

① 习近平.在庆祝中国共产党成立100周年大会上的讲话[EB/OL].新华网,2021-07-01.

神①，极大地彰显了中国特色社会主义制度优势，也使中国共产党的治国理政能力获得了时代性升华。

正是在这个价值探索和价值创造的过程中，中国共产党自身也从产生、发展到壮大，从最初50多名党员发展到9000多万名党员，由在野党成为执政党，而且成为世界上最大的马克思主义革命政党，展示出人民利益至上的核心价值所具有的特殊光辉和磅礴伟力。

二、自觉统筹两个大局：推进中华民族复兴全局与世界百年变局的良性互动与同频共振

习近平深刻指出，"领导干部要胸怀两个大局，一个是中华民族伟大复兴的战略全局，一个是世界百年未有之大变局，这是我们谋划工作的基本出发点"。以推进中华民族伟大复兴的战略全局，来促进与世界百年变局的良性互动与同频共振，这既是中国共产党百年发展历史的经验总结，也是认识百年发展历史的重要方法论。正是从这样的思想高度，我们可以更好体会中国共产党人统驭世界百年未有之大变局和中华民族伟大复兴全局的高超智慧，理解中国共产党作为百年大党之所以能够创造百年辉煌所具有的坚实文明之基与深厚活力之源。

从历史的角度看，人类文明的产生和发展是以一定的种族和民族为单元在一定地域发生和发展的。随着各民族发展水平的提高和发展范围的扩大，所有民族或国家都面临着处理与周边民族和国家的关系，形成一定的地缘政治。近代以来，随着现代化的发展，资本主义为主导的现代化在全球性扩张，带来了全球化运动。各个国家或民族国家都自觉或不自觉地被纳入以资本主义为主导的世界体系，面临着处理与世界体系及其变局的特殊使命。第二

---

① 习近平.在全国抗击新冠肺炎疫情表彰大会上的讲话[EB/OL].新华网，2020-09-08.

次世界大战以来,以联合国、世界贸易组织和布雷顿森林体系等为代表性标志,产生了以国际组织为支撑的全球治理体系。经过半个多世纪的演变,世界进入百年未有之大变局。

何为世界"百年未有之大变局"?这需要我们作一深度的历史回顾和理解。历史地看,从 2018 年①往前回溯 100 年,正好是 1918 年,即第一次世界大战末期。如何理解这一百年来的人类文明和世界体系发展历程及其当代特点?这是一个非常复杂的问题。

简略说来,第一次世界大战结束后,人类经历了战后重建,又遭遇了 1930 年代的经济危机和第二次世界大战。第二次世界大战结束后人类建立起一些重要的国际组织,并以此为依托第一次建立了某种可以称为全球治理体系的世界格局,以联合国保障世界安全,以世界贸易组织支持全球贸易体系,以布雷顿森林体系确立美元的世界货币地位,其他各个领域和各种形式的国际组织也不断涌现,推进了世界现代化和全球化。

在这样的背景下,美国和苏联两个超级大国带领资本主义阵营和社会主义阵营开展了一场旷日持久的竞赛与抗争,最终苏联解体,苏联东欧社会主义阵营不复存在,形成"一超多强"的世界格局。在这个过程中,现代化的模式逐步多样化,由原来的西欧模式,到北美模式、苏东模式,后逐步兴起了东亚模式和拉美模式。随着现代化道路的多样化,也产生了不同道路的比较与竞争。到底什么样的发展道路更好?不同的国家有不同的选择,也产生了围绕发展道路的激烈论争。

近年来,新兴市场国家和发展中国家以群体性方式和前所未有的速度迅速崛起,世界经济中心正在由原来的西方中心向多中心转变,在世界近代史上首次出现了某种可以称为"东升西降"的

---

① "百年未有之大变局"的首次提出是习近平总书记在 2018 年 6 月中央外事工作会议上的讲话,即"当前中国正处于近代以来最好的发展时期,世界处于百年未有之大变局"。

现象。与经济发展态势相适应,世界政治格局和地缘政治也在发生着非常深刻的变化,由西方发达国家单一中心和全方位主导到形成多中心格局方向演变,国际话语权的分化和分享程度正在加大。

新一轮科技革命和产业革命变革带来的激烈竞争前所未有,正在深刻地改变着世界的生产、生活和交往格局,这一切都深刻地影响到全球治理体系。各个国家都需要适应新的世界格局,并产生出前有未有的不适应现象。

正是在世界百年未有之大变局加速演进的背景下,新冠疫情突然来袭并造成全球大流行,带来前所未有的公共卫生安全挑战,对国际格局产生深刻影响,也使世界上所有国家的安全形势不确定性、不稳定性急剧增大。世界进入具有多种复杂因素内在交织而引发的动荡变革期。

中华民族伟大复兴的战略全局,既是中华民族悠久历史发展成就的时代性汇聚,也是对于近代以来中华民族曲折发展历程的反思和超越,标志着中国共产党人带领中国人民经过无产阶级革命和社会主义现代化建设,开启全面建设社会主义现代化国家新征程,伴随着近代中华民族由站起来、富起来向着强起来的时代性飞跃,中华民族伟大复兴的战略进程进入到全新时期。

自觉有效地统筹世界百年未有之大变局和中华民族伟大复兴的战略全局,需要中国智慧和中国方案。一方面,中华民族伟大复兴是在世界百年变局的国际大环境下形成和展开的,中国的成功在于以特有实践智慧和特色发展道路将世界大变局转化成为我国快速健康发展的重要战略机遇,并促进了中华民族的快速发展。中国共产党人成功地顺势、借势、用势,整体而又快速地推进了中华民族伟大复兴,取得了"经济快速发展"和"社会长期稳定"这两个世所罕见的奇迹。

正是在这个过程中,中国也对世界的发展作出了特别突出的贡献。中华民族伟大复兴不是外在于世界百年未有之大变局的,而是其内在的、有机的、重要的组成部分,并成为其中最具规模、最快速度、最富内涵、最为多彩的部分,成为推进百年未有之大变局的重要的和健康的力量。中国共产党人通过谋势、造势、助势,融入世界百年未有之大变局。

与此同时,中国共产党在极度纷繁复杂的世界体系演变进程中,始终作为人类文明中的正义力量,通过中国的革命、建设和改革开放,彰显马克思主义、社会主义、反法西斯主义、多边主义的力量,支持人类解放的正义事业,深刻影响全球体系的演变方向和人类文明发展方向,推动构建人类命运共同体。

三、深度把握三种逻辑:将世界现代化的运行逻辑、社会主义的发展逻辑、中华民族的复兴逻辑融汇为中国特色社会主义现代化道路

中华民族伟大复兴是通过中国特色社会主义现代化而得以推进的。在这里,现代化是近代以来人类文明进步的基础和前提,但我们的现代化,不是资本主义的现代化,而是社会主义的现代化;我们的社会主义,不是传统的苏联模式的社会主义,而是中国特色社会主义。

中国共产党人领导探索和创造的中华民族伟大复兴之路,是中国特色社会主义现代化道路,其最根本的特点,就是将世界现代化的运行逻辑、社会主义的发展逻辑、中华民族的复兴逻辑融汇为中国特色社会主义现代化道路。

现代化是中华民族伟大复兴的根本目标。近代以来中华民族严重落伍于世界现代化。新中国成立以后,尤其1978年以来,我们最根本的进步就是积极加入世界现代化。但是,如何把现代化引入中国,中国共产党人经历了一番艰难的探索。

新中国成立后我们学习苏联模式,搞单一公有制、"一大二公"、计划经济,到改革开放后引进市场机制,经过有计划商品经济阶段。1992年党的十四大决定建立社会主义市场经济,经过十年

努力在2001年加入WTO,构建起与经济全球化相适应又独具中国特色社会主义现代化的发展道路。

这条道路的最大特点就是在传承中创新,一方面将历史上曾经在中国经济、政治、社会、文化、生态建设中发挥了积极作用的文明因素都以一定方式保留下来,另一方面又以极大的广度和力度开展引进、探索和创新,形成了世界上独一无二的中国特色社会主义现代化发展道路。①

中国特色社会主义现代化发展道路以社会主义市场经济为基础,坚持政府以必要手段和适当程度的科学宏观调控,大力激发全民族的创新创造活力,促进了社会经济的快速发展,彰显了中国特色社会主义的治理效能和制度优势。

第一,就所有制而言,我们建立起以公有制为主体、多种所有制并存的所有制体系。我们既保持了公有制的主导地位,保持足够强大的公有制经济,作为中国经济社会发展的"压舱石",保持社会主义制度的经济基础,又允许多种所有制并存,支持外资、合资、民营、个体等各种性质和形式的所有制在中国发展,还发展出各种形式的混合所有制,在当代中国建立起多样和开放的所有制体系,使各种所有制形式和各种经济资源都能在中国寻找到发挥作用的适当场所,极大地扩展了中国经济的运行空间和发展形式。

第二,就分配方式而言,我们建立起以按劳分配为主体、多种分配方式并存的分配体系,通过一次分配、二次分配和三次分配,努力协调公平与效率,极大调动各方面的积极性,为社会发展提供强大动力与活力。

第三,就经济运行方式而言,我们建立起社会主义市场经济体系,同时保持政府的宏观调控。我们既有全面覆盖的社会主义市场经济,并努力发挥市场在资源配置中的决定性作用,调动起各种市场主体的巨大积极性和活力,但又不完全放任市场,保持着政府

---

① 习近平.在全国抗击新冠肺炎疫情表彰大会上的讲话[EB/OL].新华网,2020-09-08.

对于经济运行的宏观指导和必要政策调试,处理好"有效市场"和"有为政府"的关系,警惕盲目的市场化可能带来的破坏性作用,防止市场这只"看不见的手"对经济发展可能产生的负面影响以及经济金融风险。

第四,就国际发展与国内发展而言,我们坚持不断深化改革,扩大开放,在"引进来"和"走出去"这两个方面全面着力,一方面,向世界各国全方位开放中国的消费市场、资金市场、劳动力市场等,欢迎他们来中国投资,让中国成为世界投资热土,用巨量的外来投资发展中国;另一方面,积极顺应世界和时代对中国的需要,积极地走出去,为世界各国提供中国产品、中国劳动力、中国技术,让中国制造走遍世界,成为时代标志。

尤其是党的十八大以来,根据中国与世界经济实力对比关系的变化,我们更加积极地统筹国际国内两个大局,积极开展"一带一路"建设,更是极大地拓展了中国的发展空间,与"一带一路"共建国家通过共商共建共享,实现深度友好合作。

第五,就发展趋势而言,我们坚持创新、协调、开放、绿色、共享的新发展理念,积极认识、顺应和引领经济新常态,以高新科学技术尤其是信息化为导向,以高质量发展作为目标,带动全层次生产力体系的转型升级和更新换代,激发创新创造活力。

四、着力推进四大创新:通过道路创新、理论创新、制度创新和文化创新提升"四个自信"

正是在对中国特色社会主义现代化道路的探索中,中国共产党人彰显了其在思想理论建设上的最大特点和优势,这就是不断解放思想,永远坚持真理,勇于纠正错误,始终坚实理想,勇敢探索创新,从而极大地推动了中国特色社会主义的道路创新、理论创新、制度创新和文化创新,在更高的境界上提升了中国共产党人的"四个自信"。

近代以来的世界现代化和全球化历史中,先后产生了民族主义与殖民主义、马克思主义与非马克思主义、社会主义与资本主义、法西斯主义和反法西斯主义、全球化与反全球化、多边主义与单边主义等,它们前后继起、内在交织、激烈博弈、复杂竞争、殊死较量。所有后发的民族与国家都面临着在这极为复杂的世界格局下的艰辛思想探索和艰难政治道路选择。

中国共产党顺应中国人民谋求民族独立和自由解放的人心所向而生,顺应人类文明健康发展的大势所趋,学习运用马克思主义并将其与中国的革命和建设实践相结合,带领中国人民走上社会主义现代化的民族复兴之路。

中国共产党人一方面通过坚持和发展马克思主义,另一方面大力推进马克思主义中国化,创造了中国化的马克思主义思想理论体系,为中华民族伟大复兴提供了强大的思想引领。

在马克思列宁主义指引下,先后产生出毛泽东思想、邓小平理论、"三个代表"重要思想、科学发展观、习近平新时代中国特色社会主义思想。它们分别针对当时中国社会发展所面临的最重大最紧迫的问题,提出了新的思想理念和方法,丰富了中国共产党的指导思想,科学引领了中国社会的发展,实现了马克思主义中国化的三次伟大飞跃,发挥了非常重要的思想引领作用。

习近平新时代中国特色社会主义思想是马克思主义基本原理同中国具体实际相结合,同中华优秀传统文化相结合的最新成果,就新时代坚持和发展什么样的中国特色社会主义、怎样坚持和发展中国特色社会主义,建设什么样的社会主义现代化国家、怎样建设社会主义现代化国家,建设什么样的长期执政的马克思主义政党、怎样建设长期执政的马克思主义政党等重大时代课题,提出一系列原创性的治国理政新理念新思想新战略,是"当代中国马克思主义、21世纪马克思主义,是中华文化和中国精神的时代精华"[①],

---

① 习近平.习近平谈治国理政:第3卷[M].北京:外文出版社,2020:1(出版说明).

是新时代中国共产党的思想旗帜,是国家政治生活和社会生活的根本指针,为实现中华民族伟大复兴提供了行动指南,为推动构建人类命运共同体贡献了智慧方案,必须长期加以坚持。

中华民族伟大复兴需要科学合理的社会政治制度支持。从总体上看,中国的政治制度是从新中国成立起便由毛泽东等第一代领导人建立的。中国的根本政治制度是人民代表大会制度,基本政治制度有中国共产党领导的多党合作和政治协商制度、民族区域自治制度和基层群众自治制度。

改革开放以后,中国共产党人按照邓小平提出的"一个中心、两个基本点"要求,以经济建设为中心,坚持四项基本原则,坚持改革开放,在坚持和完善根本制度和基本制度的前提下,不断深化改革,扩大开放,推进体制机制创新,为国民经济快速发展和社会文明健康发展提供了制度保障。

党的十八届三中全会以来,党中央首次提出推进国家治理体系和治理能力现代化,把坚持和加强中国共产党领导、人民当家作主、全面依法治国内在结合起来,创造出巨大伟力,彰显出中国特色社会主义政治制度的特殊优势。

中国特色社会主义政治制度的最重要智慧和最成功秘诀在于以下五个方面。

第一,旗帜鲜明地坚持中国共产党的全面领导,并将其确立为中国特色社会主义的最本质特征和中国特色社会主义制度的最大优势。

在现代世界的政党政治中,中国共产党作为一个百年大党,作为中国最高政治领导力量,领导着世界上人口最多的国家,历经战争与和平、革命与建设、苦难与荣光,将灾难深重的旧中国建设成为繁荣富强的新中国,领导中华民族经历着从站起来、富起来到强起来的伟大飞跃,并且通过不断自我更新、自我发展,创造出新型政党制度。

中国共产党的领导成为中国特色社会主义政治制度的最大优

势,领导着人类历史上最伟大的事业,取得了史无前例的成就,得到了最广大人民群众的拥戴,彰显出特殊的政治魅力。

第二,不忘初心,牢记使命。把为中国人民谋幸福、为中华民族谋复兴作为中国共产党的根本使命,始终把人民利益放在心中的最高位置,毫不动摇地坚持以人民为中心,实行最广泛的人民民主,坚持全心全意为人民服务,确保人民当家作主,调动起最广大人民群众的智慧与热情,共同推进中华民族伟大复兴事业。

第三,通过最广泛的统一战线和政治协商制度,与中国的各民主党派和无党派人士积极开展政治合作,汇聚当代中国各种政治力量参政议政,民主监督,积极推进协商民主。

第四,全面依法治国,把权力关进法律和制度的笼子里,依法执政,依法行政,努力建设法治国家、法治政府、法治社会,把依法治国和以德治国内在结合起来,把依法治国和依规治党结合起来,努力提高全民族的法治素养和道德素养,把中国共产党的领导贯彻落实到依法治国全过程和各方面,坚定不移走中国特色社会主义法治道路。

第五,坚定不移全面从严治党,在思想建党和制度建党两个方面同时发力,抓住"关键少数",强化"以上率下",净化党内政治生态,严厉整治腐败,大力促进中国共产党的自我革命,提升自我净化、自我完善、自我革新、自我提高能力,保持党与人民的血肉联系。

正是以上各个方面的有机结合和整体性运作,不仅促进了中国经济政治社会文化的快速发展,而且为中华民族伟大复兴奠定了坚实有效的制度保障。

中华民族伟大复兴需要强大的文化力量。中国共产党人在马克思主义的指导下,坚持中国特色社会主义文化发展道路,以前所未有的开放心态,开展了全方位多路向的思想探索与精神创新活动,提升文化自信,推进文化创新。

一是深入发掘和重新阐释中华优秀传统文化与历史智慧,为当代中华民族寻找最为深沉传统的文化之根,又努力促进其创造性转化和创新性发展,使之得以活化,进入当代中华思想文化体系,也使当代中国思想文化变得更加深沉与厚重。

二是向当代世界现代化的先进思想文化学习,为当代中华民族寻找最为先进的现代思想和发展道路借鉴,又努力使之适合于当代中国的国情,转化为当代中国的经济政治社会发展道路,极大提升了中华民族的现代化意识和实践水平。

三是回到马克思,探析马克思主义的理论内涵、思想真谛和本真精神,促进马克思主义的中国化、时代化、大众化,成为中国共产党和中华民族的科学指导思想,使中华民族在精神上由被动变为主动。①

以上三种路向的积极探索为当代中国提供了其他任何国家所不可比拟的丰厚的思想资源和文化内涵,极大强化了中国共产党人的历史意识、时代意识和价值意识。

更重要的还在于,我们自觉将马克思主义、中华传统思想智慧与西方先进思想文化内在结合起来,既运用于指导当代中国实践,赋予其丰富的精神内涵,又立足于当代中国人民的实践进行全新的创造,实现了一种创造性转换与创新性发展,通过深深植根于传统,敏锐把握时代精神,坚持正确价值导向,站在了当代人类文明进步的精神和价值制高点,从而有可能引领人类文明的未来发展方向,为推动构建人类命运共同体作出更大的贡献。

综上所述,中华民族伟大复兴的战略全局,以空间方式汇聚了中国共产党人带领中国人民在百年奋斗时间历程中获得的积极成果,以战略方式统摄着中国经济、政治、社会、文化、生态、国防、外交、党建等各方面各领域各层次,不仅彰显了中华民族百年奋斗所达到的时代高度、思想深度和实践厚度,也集中彰显着中国共产党人统筹国际国内两个大局的思想智慧和实践创新,既标示着中国特色社会主义现代化的价值取向,也展示着中国特色社会主义的

---

① 欧阳康,姜权权.当代中国马克思主义的使命与境界[J].马克思主义与现实,2019(4):37-42.

制度优势,既为中华民族更好创造未来辉煌提供了重要前提和坚实基础,也为人类文明未来发展提供了中国形态和中国方案。

第四节 21世纪马克思主义的研究视域与重大问题[①]

如何更加自觉有效地推进21世纪的马克思主义研究？本书认为,应当深度领悟马克思主义的本真精神,增强思想力和行动力;应当深度把握世界百年未有之大变局和中华民族伟大复兴的战略全局,增强时代自觉;应当深度认识疫情具有的长远影响,拓展视域,把握当代世界的重大问题。应当高度重视公共卫生安全和公共卫生治理现代化,站在新的时代高度考量人与自然的关系,要高度重视疫情影响下世界各国可能产生的安全底线与繁荣取向的复杂价值交织问题,要特别关注单边主义与多边主义的激烈博弈,增强战略定力,应对世界发展中的不稳定性和不确定性,推动人类文明进步。

一、深度领悟马克思主义本真精神,增强思想力和行动力

研究21世纪马克思主义,就其目标而言,是要在新的时代背景下更好地坚持和发展马克思主义,这就要求我们具有更加宏大的世界视域,也需要更加坚实深厚的思想基础。从视域的角度看,是要更加自觉地关注当代世界和当代中国的重大理论及实践问题;就其思想基础而言,尤其需要回归马克思主义的本真精神,这

[①] 欧阳康.新时代社会认识与国家治理现代化——马克思主义哲学的本真精神、演进逻辑及其当代价值[J].哲学研究,2018(10):18-23.(该文尝试从科学认识与合理变革相统一的角度探讨马克思主义哲学的双重功能。)

就是科学地认识世界和合理地改变世界。

何为马克思主义的本真精神？在笔者看来，就是要回到马克思的墓志铭所言，"哲学家们只是用不同的方式解释世界，而问题在于改变世界"。哲学家们当然要解释世界，但哲学不能仅仅是帮助人们解释世界，也要帮助人们改变世界。解释世界可能有多种说法，这些说法是否准确和科学，需要通过实践来检验，看其是否能够合理有效地得到实现，这样就产生了"实践是检验真理的唯一标准"的命题。20世纪70年代末，中国思想界正是回归到马克思主义哲学认识论的这个基本命题，才走出了思想迷雾，有了思想解放，有了改革开放，有了"三个面向"！

科学地认识世界和合理地改变世界，这是马克思主义哲学的精髓，也是马克思主义的本真精神。科学地认识世界，需要有足够的思想力，合理地改变世界，需要足够的行动力，把科学地认识世界和合理地改变世界结合起来，就是要把思想力和行动力内在地结合起来，使思想力具有现实力量基础，不至于陷入空论，也使行动力获得思想引领，防止失去正确方向，在二者的统一中才能更好地推进人类文明进步。

如何同时成为有思想力和行动力的人？这需要不断地认识世界和认识自我，也需要不断地改变世界和发展自我，并把这两个方面内在结合起来。我们有时候会努力提升思想，但不排除陷入坐而论道；我们有时候会努力发展行动力，但不排除在一些复杂情况下迷失方向。如何把思想力和行动力内在地有机地结合起来？这是当前我们在研究21世纪马克思主义时需要重点解决的思想前提和方法论问题。

二、深度把握世界百年变局和中华民族伟大复兴战略全局，增强时代自觉

21世纪马克思主义研究要帮助人们更加科学地认识世界和

合理地改变世界,就必须更加自觉地关注当代世界和当代中国的重大理论和实践问题,并作出科学的解读和价值的引领。

马克思曾经指出,真正的哲学必然是时代精神的精华。时代精神是蕴含在人类的实践进程和时代主题之中的。当前世界和中国的时代主题是什么?我们应当重点认识什么?重点改造什么?

笔者以为,当前最核心的是关注世界与中国的两个大局及其所具有的特殊时代意义。这两个大局,也就是习近平总书记指出的,一个是世界百年未有之大变局,一个是中华民族伟大复兴的战略全局。他要求党的领导干部要胸怀这两个大局,并自觉地将其作为谋划工作的基本出发点。而对于我们的 21 世纪马克思主义研究来说,这两个大局则是我们当下最重要的研究对象。

中华民族伟大复兴的战略全局,既是中华民族悠久历史发展成就的时代性汇聚,也是对于近代以来中华民族曲折发展历程的反思和超越,标志着中国共产党人带领中国人民将社会主义与现代化依托于中华优秀传统文化而在中国大地实现一种成功的结合,伴随着近代中华民族由站起来、富起来向着强起来的时代性飞跃,中华民族伟大复兴的战略进程进入全新时期。

就其内容而言,中华民族伟大复兴的战略全局包含着中国特色社会主义现代化建设的总目标和总任务,体现在全面深化改革、全面依法治国、全面从严治党、全面建成小康社会和全面建设社会主义现代化国家的战略布局之中,贯穿于经济建设、政治建设、社会建设、文化建设和生态文明建设"五位一体"的总体布局之中。在当下则进入了以高质量发展为主题,全面建设社会主义现代化国家的新发展阶段。

"十四五"时期,我们要深入贯彻创新、协调、绿色、开放和共享的新发展理念,构建以国内大循环为主体、国内国际双循环相互促进的新发展格局。

自觉有效地统筹世界百年未有之大变局和中华民族伟大复兴的战略全局,需要中国智慧和中国方案。一方面,中华民族伟大复兴是在世界百年未有之大变局的国际大环境下形成和展开的,另一方面,中国的成功在于以特有的实践智慧和更具自身特色的发展道路将世界大变局转化为我国快速健康发展的重要战略机遇期。我们成功地顺势、借势、用势,整体而又快速地推进了中华民族伟大复兴,取得了"经济长期快速增长"和"社会长期稳定"这两个世所罕见的奇迹。

正是在这个过程中,中国也对世界的发展作出了特别突出的贡献。中华民族伟大复兴不是外在于世界百年未有之大变局的,而是其内在的有机的和重要的组成部分,并成为其中最具规模、最快速度、最富内涵、最为多彩的部分,成为推进百年未有之大变局的重要的和健康的力量。我们通过谋势造势助势,融入世界百年未有之大变局,推动其走向人类文明的健康发展道路,进而推进构建人类命运共同体。

三、深刻认识疫情具有的长远影响,把握当代世界的重大问题

2020年初,疫情突如其来,对人类的生命安全和身体健康造成了极大威胁,深刻地改变着人类的生存状态和生产生活方式,深刻影响国际关系和世界格局走向。在21世纪马克思主义的视域中,不能忽略和低估疫情给国家与社会带来的影响。要深刻认识疫情对于中国和世界所提出的挑战,深刻把握疫情影响之下国家与社会所面临的诸多重大理论和实践问题。

应该看到,中国抗击疫情取得积极成效确实来之不易,是举国体制与万众一心内在结合的典范,确实彰显了中国共产党的领导和中国特色社会主义制度的显著优势。

抗击疫情是全体中国人民的共同责任,社会各界共同参与发挥了非常积极的作用。华中科技大学国家治理研究院也以自己的方式积极参与了抗疫对策研究。笔者于2020年1月28日便在华

中科技大学国家治理研究院启动了"疫情防控与公共卫生治理现代化综合研究"重大项目，提出了首批10个研究课题，向国际国内征询合作伙伴，得到学校和各方面大力支持，先后汇集了50多位学者的跨学科团队，根据疫情的状况开展抗疫对策研究，撰写抗疫对策建议，刊发在国家治理研究院主办的《国家治理参考》上。我们团队成员先后撰写了118篇对策建议稿，其中50余篇被各种内参转发或得到各级领导批示，很多直接被相关部门采用，转化成了相关政策和措施。湖北省疫情防控指挥部于2020年2月25日成立了全省疫情防控综合专家组，王辰院士和李兰娟院士为组长，笔者被聘为专家组成员，担任应急管理与城市安全运行专家组组长。这期间笔者主持完成了中宣部特别委托重大项目"重大突发疫情对社会心态和思想舆论的影响研究"，被中国工程院聘为专家组成员，参加疫后经济社会发展对策相关项目研究。我们于4月30日主办了"新冠肺炎疫情和全球格局演变"视频会议，6月20日主办了全国性"构建强大的公共卫生体系与国家治理现代化"高峰论坛，7月7日在《光明日报》整版刊发了"疫情如何加剧百年未有之大变局"的国际智库对话等。客观来说，这段抗疫对策研究的经历帮助笔者高度集中地关注和研究疫情及其抗疫阻击战，在不断的学习和研究中深化了对疫情的认识。

从学理的角度看，此次疫情给当代世界和中国提出了很多重大而严峻的课题，它们也是21世纪马克思主义研究应当尤为关注的重大问题。

第一，要特别关注和重视公共卫生安全和公共卫生治理现代化。笔者自2014年2月被聘为华中科技大学国家治理研究院院长，开始研究全球治理、国家治理、省域治理等，也关注国家安全、全球安全相关议题。习近平总书记提出了总体国家安全观，提出了十多个方面的重要安全问题。此次疫情凸显了公共卫生安全，并警示我们，没有了公共卫生安全，就没有其他一切安全。笔者应邀于2020年3月22日给清华大学和华中科技大学2.5万名学生党员以视频方式讲党课,主题为新时代公共卫生安全与国家治理现代化——疫情阻击战与中华民族伟大复兴,其中提出了一个逻辑链条:病毒—疫情—个体安全—群体安全—公共安全—经济安全—社会安全—政治安全—国家安全—人类安全,探索疫情对人类生命安全所带来的严峻挑战。这个报告后来被中宣部评选为2020年度优秀理论宣讲报告。笔者应邀参加了学习贯彻党的十九届五中全会精神中央宣讲团的动员会和研讨班。这里最深刻的教益是,我们一直关注人民的幸福生活,但如果没有了生命安全和身体健康,幸福生活就失去了前提。为此,必须把公共卫生安全提升到国家安全和全球安全的高度,把公共卫生治理提升到国家治理体系的高度来加以认识和构建。

第二,站在新的时代高度重新考量人与自然关系。近代以来我们一直有种错觉,觉得人类站在了地球生命圈发展的最高端,可以随意地支配自然、掠夺自然。

近年来在习近平生态文明思想指引下,我国对生态文明建设有了更新的认识和更高的重视。此次疫情对人类的生命安全挑战,要求我们在更为根本性和基础性的意义上认识人与自然关系的复杂多样性、人的生命的脆弱性。人与无数的病毒共处于极度复杂的自然系统之中,各种不同层级的生命各自应当生活在生命圈的哪一个层面和哪一个位置,应该如何和谐相处,才能确保人的生命是安全的、人的生活状态是有序的、人的活动方式是有效的、人的交往方式是恰当的?对这一切都需要整体性地重新认识,以促进人与自然的和谐共生,确保人类社会生存发展安全和社会的长治久安。

第三,要高度关注新时期不同国家之间的制度差异和意识形态博弈。改革开放以来,我们满心欢喜和全心全意地融入世界现代化和全球化,在很大程度上忽略了我们和西方发达国家之间还存在着制度和意识形态上的差异。

疫情凸显了不同的制度在应对疫情方面的价值观念和制度差异,引发了某些国家对中国的社会制度和意识形态的偏见,进而以各种借口对中国进行遏制、打压。

我们当然不主张对意识形态问题风声鹤唳,但是也应该对此保持清醒头脑,认清当代国际社会发展的历史演进和内在逻辑,警惕和应对某些西方国家对中国的全面战略围堵,做好自己的事情,增强战略定力,更加坚定地坚持中国特色社会主义道路,更加自觉地推进和构建人类命运共同体。

第四,要高度重视疫后世界各国可能产生的安全底线与繁荣取向的复杂价值交织问题。长期以来世界各国追求经济发展和社会繁荣,并以此为基点来开展国际交往和国际合作,希望能够一荣俱荣,共同发展。

疫情使世界各国纷纷寻求自保,使国际供应链和产业链中断,也引发了对于国家主权经济的特别关注。很多国家会自觉或不自觉地以安全为底线来考量自己的经济体系,促使各国经济发展的急剧收缩和内敛化,重新回归小而全的生产体系,产生了对于全球化的逆反和背离。因此,我们如何才能继续推进全球化,促进各国之间的合作共赢,就成为当今世界所有国家面临的重大挑战。

第五,要特别关注单边主义与多边主义的激烈博弈。第二次世界大战结束以后成立的联合国、世界贸易组织等国际组织,是多边主义的产物,对于推进现代化和全球化发挥了非常积极的作用。近年来世界格局正在发生着深刻变化,其中最为根本的是单边主义与多边主义的博弈。华中科技大学国家治理研究院成立以来,每年秋季召开一次"全球治理·东湖论坛",会议议题分别涉及全球治理与国家责任、全球治理与绿色发展、全球治理与国际组织、全球治理与人类命运共同体等一些重大问题。

一段时间以来,某些西方国家出于政治需要和意识形态偏见,对中国打压不断升级,给中国的和平崛起带来极为严峻的挑战。当前对于多边主义的最大挑战来自美国,中美关系正在发生着极为深刻的变化,是影响世界发展总体格局的重要变量。

美国作为世界上最大的发达国家,从自己的绝对安全观出发,不遗余力推行单边主义、保护主义、霸权主义,对其他国家尤其是中国进行严厉打压,引发了单边主义和多边主义的激烈对抗,对全球化构成巨大挑战,并引发了大国关系的复杂博弈。

美国一方面强化"美国优先""让美国再次伟大",纠结其同盟国打压中国,同时也要求世界各国选边站,使地缘政治变得极度复杂。美国在各种形式的国际组织中不断"退群",引发了国际组织的功能重构问题。美国由于抗疫失策失误失职,引发了严重的疫情危机、种族危机、经济危机、政治危机、选举危机等,对外通过制造外交危机甚至军事威胁来转移国内矛盾。可以说,美国对世界格局引领及其对全球化局势的影响,值得我们高度关注!

当今世界最大的特点是常态逻辑和非常态逻辑交错,充满着不稳定性和不确定性。世界不再像我们过去所熟知的那样,有比较熟悉的相对稳定形态,有特定的运行规律,按照一定的阶段性、秩序性、周期性展开,沿着一定的可以预期的轨迹发展,不同国家的人们可以比较平和地共处,是一个我们总体上可以正确认知和有效掌控的世界;当今世界是一个充满着博弈与挑战的不确定和不稳定的世界。

尤其值得关注的是,世界的复杂性和不确定性剧增,不仅是因为世界本身就很复杂,其存在和演变本身充满着不确定性,也在于其至主要在于不同国家和民族之间的利益冲突与智慧博弈。相对于世界的复杂性而言,人类的智慧本来就是有限的,而有限的智慧又用于智慧间的博弈,这不仅造成智慧的抵消和削减,而且使得这个世界变得更加难以准确认识和有效把握。

在这样的时代背景下,如何更好地认识世界和合理地改变世界,既需要马克思主义的思想理论和方法论原则,以提升思想力,也需要马克思主义的价值观念和实践规范,以提升行动力。这正是 21 世纪马克思主义研究的重要使命与时代责任。

第五章
国家治理现代化的价值支撑

第一节 多元进程中的公共价值与国家治理现代化[①]

"公共价值与美好生活"是一个非常重要并具有鲜明时代特色的问题。我们可以在社会价值多元化进程和国家治理现代化这两个重大背景下来加以探讨,涉及以下几个方面的内容。

一、关于公共价值的多维解读

在价值论的视域中,我们过去探讨得比较多的是价值与使用价值、物的价值与人的价值、普遍价值与特殊价值、个人价值与社会价值等。在对公共价值的探讨中,我们有时把公共区别于个体,有时把公共与公务联系起来,区别于私人或者私务。而在学术研究中,公共价值经常也和公共领域、公共事务、公共参与、公共精神

---

① 欧阳康. 多元进程中的公共价值与国家治理现代化[EB/OL]. 中国社会科学网,2020-03-14.

等密切联系。

如何更好地理解公共价值,可以借助私人价值与公共价值,也可以借助个体价值与社会价值,还可以同时从两个方面来考量。但是当我们把公共价值与美好生活联系起来的时候,也许更应当把它看作共享价值,是一定范围内所有社会成员能够相对自由而且平等地共同分享的价值。

在共享的意义上,所谓公共价值就是由政府或者社会组织以公共收入为支持,以一定的公共产品或者公共服务方式,向社会成员平等提供的共享价值。相关社会成员只要具备一定的条件,都能够自愿地免费获取自己所需要的公共物品或公共服务。

二、关于公共价值的功能定位

第一,从发生学的角度看,公共价值的生成是公共社会形成的基本前提和必要条件。人是直接地作为个体而存在的,但所有人又都有一种基本的社会性特性。在个人与社会之间,包括人的个体性和社会性之间,是通过一定的公共价值作为深层纽带来联系的。人类形成进化和发展历程,就是由自然界的个体存在物进化到群居性、社会性、高度社会化的社会存在物,并与人类文明形态发生越来越复杂多样的相关性和互动性的过程。这种持续的演进和发展过程,也就是公共价值不断生成和提升的过程。

只有当公共价值伴随着社会发展不断地生成和发展,人类从个体人到群体人以至作为类的存在,才能获得必要的社会性条件,人类独特的生活、生产、交往、消费等方式才能生成。因此,从发生学的角度,公共价值的产生、形成和发展,既是人类作为人生存发展的需要而产生,也促使了人类文明的形成,并促进其后续发展。

第二,就其历史演进来看,在人类文明的发展、演化和进步的历史进程中,经历了原始社会、奴隶社会、封建社会、资本主义社会、社会主义社会等社会形态。对于不同形态的社会发展阶段,可以从不同的角度来加以解读,社会价值的分化和公共价值的重组与提升,是其中的重要内容。不同的社会形态之间有传承也有变革,其中对于私人价值与公共价值的不同性质、方式和比例的配置是其重要方面。人类文明进步的总体趋势是公共价值的范围不断扩大、形式不断多样、比重不断增加的过程。

第三,从现实存在的角度来看,公共价值意味着社会价值相对合理性的分布与分配。对于特定社会来说,要能够保持其存在、延续和发展,一个基本的前提是在私人价值与公共价值之间保持适当比例的平衡。

就其普遍意义而言,是让社会价值体系能够保持相对合理性,以便大多数社会成员能够生活于其中,让社会能够保持稳定。就其底线而言,一方面是要让统治者愿意和能够继续统治下去,另一方面也让被统治者愿意和能够继续被统治下去。

不管一个社会的利益群体发生了多大的分化,一个社会要维持自身的存在,总要拿出一部分属于公共产品的公共性价值作为社会共同享用的价值。公共价值是一定社会存在和发展的重要平衡因素。

第四,从其现实功能来看,公共价值体系的合理性及其程度直接表征着社会体系的合理性程度,决定着社会运行的健康与否及其健康程度。社会合理性包含着非常复杂的内容,其重要的方面即社会大众参与社会生活的程度和水平。

我们衡量一个社会是不是健康和合理、是否在进步,很大的成分就是看公共价值在社会价值分配中的比重。公共价值面向社会大众,为其提供可以共享的公共产品和公共服务。公共价值提供得越多,意味着社会大众参与社会公共生活的可能性越大、途径越多,意味着一定社会体系的公众性基础越坚实,也越能提高公众对社会制度和社会体制的认同度,越能激发社会成员更加有效地参与社会治理。

第五,就其未来走势来看,一个社会要进步,一种文明要发展,从总体上看,要不断创造形态更多、内容更好、功能更强的社会公共价值。社会文明进步的过程,就生产体系来看,是第一产业、第二产业和第三产业的比例不断优化的过程,其中第三产业的扩大意味着公共产品和公共服务的扩大与提升。

从消费体系来看,人们有物质消费、社会消费与精神消费等,公共价值的提升意味着人们的物质生活、社会生活和精神生活在生命历程中的比重不断改善和提升,对公共产品和公共服务的依赖性不断增加。而从国家和社会治理的角度,更好地满足人民对美好生活的向往,为最广大人民群众提供更加优质多样丰富的公共产品和公共服务,是社会文明进步的重要标志,也是社会制度优越性的重要表现。

三、公共价值与国家治理现代化

公共价值如此重要,对于公共价值的积极构建与合理分配应当成为国家治理现代化的重要内容。

首先,在全球治理的视域中,经济全球化凸显了全球公共价值和公共服务对于当代人类发展所具有的特殊意义。经济全球化要求全球意义的生产体系、科技体系与分配体系等,也要求与之相应的公共资源分配体系和公共服务体系。

全球善治的重要前提是对全球资源的合理共享,也包括构建具有全球性意义的公共价值体系和公共服务体系。各种形式的国际组织、非政府组织提供着各种形式的公共服务,倡导公共价值,在全球事务中发挥着非常积极的作用。

其次,在中国国家治理现代化的视域中,创造更加丰富多彩的公共价值应当成为中国共产党治国理政的重要内容。当代中国社会主要矛盾已经转化为人民日益增长的美好生活需要和不平衡不充分的发展之间的矛盾。习近平总书记指出,人民对美好生活的向往就是我们的奋斗目标。

在当前和未来的中国发展进程中,一方面是要着力解决发展中的不平衡与不充分问题,努力加强对于公共服务体系的构建,为社会成员提供尽可能优质多彩和丰富的公共服务;另一方面是要加强公共价值体系的合理化构建,使之能够更好彰显社会公平正义,更好凸显其公平性和公共性,更好造福所有社会成员。

最后,发挥制度优势,强化公共领域治理效能。中国当代社会变得更加丰富多彩,也对社会治理提出了更多挑战。为社会提供尽可能优质多彩和丰富的公共价值与公共服务,是中国特色社会主义制度的显著优势,是国家治理的根本目的,既彰昂中国共产党的政治理想,也是中国人民的公共福祉。但也应当看到,公共领域非常广泛,面向高度分化的社会群体,充满着不同的价值诉求。

公共价值涉及方方面面,需要直面各方面的不同利益需求。公共服务面对不同要求,常常众口难调。在这样的背景下,要充分认识社会价值多元化对公共价值的合理构建及其有效实现所带来的挑战,尽可能构建更加合理的国家治理体系,通过公共资源合理分配引领社会价值体系的健康构建,并趋向更加文明的发展方向。

第二节 历史进步视野中的英雄与新时代文明形态构建[①]

英雄是历史长河中不断激起的时代浪花,展示着时代精神的精髓,预示着文明进步的方向。本节主张从历史进步视野来看待和理解英雄现象,认为:在发生学意义上,英雄产生于历史长河与时代变革的交汇点;就其主体性地位而言,英雄处于人民群众与英

---

① 欧阳康.历史进步视野中的英雄与新时代文明形态构建[J].武汉科技大学学报(社会科学版),2019(6):600-603.

雄群体的交汇点；就其认识论规约而言，英雄处于科学认识与合理定位的交汇点；就其价值性追寻而言，英雄处于平凡世界与追寻卓越的交汇点。不同时代的英雄有其时代特点，中华民族伟大复兴的新时代呼唤着新英雄和新文明形态构建。

从历史进步视野来看英雄，实际上是希望能够在一个比较长的历史与时代的交汇点上来看英雄和英雄现象、英雄责任以及英雄使命，同时，对于英雄的缅怀也是面向未来的，因此，我们还需要把英雄问题放到构建新时代文明形态的视角来加以考察。

中国特色社会主义进入新时代，这意味着我们的文明既有传承又有创新，需要不断拓展自己的视野。那么未来中国社会和世界文明将会如何发展？习近平总书记在全国宣传思想工作会议上明确指出，要广泛开展先进模范学习宣传活动，营造崇尚英雄、学习英雄、捍卫英雄、关爱英雄的浓厚氛围。①

一、面对新时代挑战强化英雄的示范作用

笔者认为，面对新时代的挑战，强化英雄的示范作用应该成为一种社会风尚，应该成为社会文明建设重要的组成部分。实际上笔者这一代人就是伴随着对英雄的学习与膜拜成长起来的。

小时候在我们心中有很多英雄，比如，中华人民共和国刚成立不久发生了抗美援朝战争，涌现出黄继光、邱少云和罗盛教等英雄。随后一路走来，又涌现出王杰、欧阳海和雷锋等英雄。这些英雄实际上成为我们人生中的指路明灯，或者是一种理想目标。他们向我们指出人类文明进程中的某一些最重要的闪光点，而这些闪光点实际上代表着人类文明的某些重要价值。这些价值既成为人生中最可贵的精神食粮，同时也成为需要彰显的时代精神导向。

---

① 习近平. 举旗帜聚民心育新人兴文化展形象更好完成新形势下宣传思想工作使命任务[EB/OL]. http://www.xinhuanet.com/politics/2018-08/22/c_1123310844.htm.

从历史与时代的交汇来看,每一个时代都有每一代人的英雄。而从历史的长河来看,英雄们之所以能够积淀下来为人们所记忆,意味着他们对人类文明进步扮演了某种非常重要的角色。自2018年5月1日起,我国开始施行《中华人民共和国英雄烈士保护法》。它一方面表明我国法制的完善,另一方面也表明对于英雄和烈士的保护是亟待加强的。法律的建设总是因为社会的需要而产生的。

在当代中国社会急速转型的背景中,我们看到了时代的变迁。这是一个英雄消解的时代,一个英雄逐渐褪去的时代,一个英雄仍然在不断产生的时代,以及一个仍然需要英雄的时代。如何看待英雄?由此而成为一个时代性的话题。

从某种意义上说,一个国家对待英雄的态度就是对待历史的态度,对待历史的态度就是对待今天和未来的态度。英雄精神就是我们的民族精神。我们的心灵应该安放在哪里?这需要有各种各样的场景和精神家园。而英雄实际上是整个民族精神和共有精神家园中值得我们去追随的一些辉煌形象,他们向我们闪光,让我们去祭奠,让我们去遵从,提升着民族的精神境界。所以,在中华民族经过了5000多年历史发展的今天,在当代世界面临着极度复杂的各种挑战的时候,认真来研究和彰显英雄应该是一个时代性的话题,具有非常重要的意义。

二、发生学探讨:在历史长河与时代变革的交汇点上

从发生学的意义上,我们认为,应当在历史长河与时代变革的交汇点上来看待英雄。我们主张以历史唯物主义的视野来看待英雄现象。

英雄首先是一种时代性的价值,他们能够像一道道闪电划破这个时代的星空,让大家感受到这个时代的时代精神的闪光。他们甚至照耀了整个世界,或者一定的国家,或者一定的行业,或者

一定的领域。这个闪电可能有长有短、有大有小,但一定是在时代发展进程中留下了自己浓墨重彩的一笔,也才能够被称为英雄。而这个闪电在历史的长河中可能就是一个瞬间,因为历史长河会不断地大浪淘沙,不断地既淘出了一些"金子"——把他们留在了历史的记忆中,也淘出了各种各样的丑陋——将其加以鞭挞,由此构筑起了人类文明的进步历程。在这样一个进步的过程中,也就是在历史与时代的交汇点上才可以更好地理解英雄。

在一定的时期可能会有这个时期的发展需要,可能会有这个时期的发展主题,也会相应地凸显出在相应领域的英雄。比如说在革命战争时期,可能就有比较多的征战疆场的英雄,以及不同形式的革命英雄。凡是值得我们纪念的那些特殊的人物和事件,一定是有其特殊的思想高度和价值意义。

当人类的生命面对着有限性的挑战的时候,中华优秀传统文化倡导"立德""立功""立言"这样的"三不朽"说,激励人们去追寻和创造生命的无限价值。这对于中华民族乃至人类的精神发展发挥了引领作用。

从总体上看,在人类文明发展进程中,有三种历史情况需要特别关注。

一是在一个国家发展中的重大历史性转型,这种转型可能是以革命战争的方式、以政治变革的方式、以经济快速发展的方式和以文明进步的方式等。在这个过程中,各行各业都可能以自己的方式凸显出一些特殊的人物、特殊的事件,尤其是展现出在这一些人物和事件背后的特殊的精神,而这些精神可能真的成为时代发展的路标,并由此在人类文明发展进程的轨迹中留下自己的痕迹。

二是当人类面临巨大的思想困惑、实践困惑的时候,一些重要的思想家、理论家和政治家致力于以自己的方式为特定的人群乃至整个人类文明解困,作出自己的贡献。他们指出人类或者民族或者政党或者群体的发展方向。

三是当社会生活面临一些突发事件和特殊需要的时候出现的英雄人物和英勇事迹。例如在湖北省荆州市的长江边上,曾经有长江大学的十几名大学生在江边结梯救人,最终落水少年获救,但是有3名大学生却献出了年轻的生命,他们成为一个重要的英雄群体。华中科技大学曾经有位名叫胡吉伟的大学生,在家乡的水库救起了落水的儿童,却牺牲了自己。华中科技大学设置了"胡吉伟班",一直在学习、传承和发扬胡吉伟舍己救人的精神。

对于我们的历史记忆来说,最重要的就是要记住他们在历史转型或者变革或者创新中的某些特殊的瞬间,以他们特殊的方式照亮了所在的时代。所以,在很大程度上,英雄就是在历史与时代的一个个特殊交汇点上展现出来的精神之花,是历史长河中不断激起的时代浪花。

我们今天谈英雄,尤其是在"立德""立功""立言"的意义上,有一位特别重要的人物不能忘记,那就是卡尔·马克思。他和恩格斯共同撰写了《共产党宣言》,创立了马克思主义。从此以后,马克思主义引领着人类文明发展的方向。

2018年5月4日,习近平在纪念马克思诞辰200周年大会上说道:这一理论犹如壮丽的日出,照亮了人类探索历史规律和寻求自身解放的道路。在人类思想史上,没有一种思想理论像马克思主义那样对人类产生了如此广泛而深刻的影响。[①] 直到今天,马克思主义仍然照亮着我们的时代,还将照亮我们的未来。马克思无疑是一个真正意义上的大英雄。

三、主体性透析:在人民群众与英雄群体的交汇点上

对英雄进行主体性透析,实际上也是要进入我们在历史唯物主

---

① 习近平. 在纪念马克思诞辰200周年大会上的讲话[EB/OL]. 新华社,2018-05-04. http://www.xinhuanet.com/politics/leaders/2018-05/04/c_1122783997.htm.

义研究中一个多少有些争议的问题:到底是英雄创造历史,还是奴隶创造历史?人民群众是历史的主人,还是英雄是历史的主人?这是探讨英雄的作用绕不开也不能绕开的问题,值得我们深入研讨。

历史唯物主义强调人民是历史发展的动力,人类社会的全部物质财富和精神财富归根结底都是人民群众创造的,历史活动是群众的事业,人民群众是历史的主人,当然也就强调在整个历史进程中,人在社会历史发展中的主体性。

现在我们突出强调英雄的作用,是否违背了马克思主义的这个基本原理呢?一点都不违背。因为历史唯物主义强调人民群众创造历史,强调人民群众在历史进步中的作用,并不排斥杰出人物在历史发展中的特殊作用。

从马克思主义的群众、阶级、政党和领袖理论来看,群众是划分为阶级的,阶级是由政党来领导的,政党一定会选出自己的精神领袖和政治领袖,并通过杰出的组织者来推动政党建设,更好地发动群众、组织群众并发挥积极作用。所以,马克思主义并不否认杰出人物、英雄人物的作用,其反对的是夸大杰出人物、英雄人物的作用。马克思、列宁、毛泽东和邓小平等就是这样的对于中国和世界都极为重要的思想家。如果没有他们,我们也许至今还在黑暗中徘徊。

人民群众创造历史,直接的是作为社会的物质生产和精神生产的主体,作为社会生活的主体来实现的。人民群众当然也是作为社会全部文明进步的消费者和享受者而存在的。在人民群众通过生产和生活而创造历史的时候,他们会分化为一定的政治群体、文化群体和社会群体等。在这个过程中,由于利益的分化而需要选择各自利益的代表者,由于社会生活的复杂性而需要能够释疑解惑的思想家,由于社会运动的艰巨性而需要选择优秀的组织者,等等。

由此,一定的时代一定会凸显出自己代表性的思想家、政治家和活动家等。尤其是在一些重大的关键性时刻和应对极度复杂问题的时候,更是呼唤着杰出人物和英雄人物。这就是我们所说的"时势造英雄"。所谓"时势造英雄",其实就是人民群众呼唤着能够代表自己利益和思想的特殊的精神领袖、政治领袖以及社会领袖等。

在这里我们看到了"人民史观"和"英雄史观"的区别。前者强调的是人民群众在社会历史中的积极作用,后者则是仅仅强调个别英雄人物的作用。马克思、恩格斯和列宁等早就认为,大革命的时代同时就是需要思想、需要变革的时代。这种变革的需要会成为大势所趋、人心所向。而英雄人物就是能够更加敏锐地捕捉到这种大势所趋,指出未来社会发展方向;就是能够更加准确地认识到这种人心所向,把群众的心声讲出来,并从思想理论上加以阐发,从而成为历史趋势的代表,也成为人民意愿的代表。这就是伟大的时代需要伟大的思想也造就伟大思想的过程,亦是伟大的时代需要伟大的英雄也造就伟大英雄的过程。

真正的英雄或者杰出人物一定是植根于社会生产和社会生活,是扎根于群众的。他们能够从中了解到社会进步的萌芽与方向,因此,他们不仅代表着这个时代和广大民众的心声,而且代表着一个时代的文明进步方向。他们的使命与责任是解决这个时代的人民群众在社会生产、社会生活、革命变革以及思想发展中的最重大的困惑与困难,并由此而成为这个时代的英雄。

在研究马克思和马克思主义发展史的时候,我们发现,要影响人类社会的历史进程其实是很不容易的,需要通过一系列的转化过程。例如,马克思主义,首先是作为马克思和恩格斯的思想,转变为阶级的思想、政党的思想和民族的思想,然后从思想转变为运动,激发无产阶级革命,后来进一步通过运动来创造出新的制度,包括建立巴黎公社,引发俄国革命进而发展成为苏联社会主义制度,又传入中国,变成中国共产党的思想,引发中国革命,发展成为中国社会主义制度,变成社会主义国家的国家意志。

在这样的意义上,马克思之所以伟大,或者这些历史人物之所以伟大，恰恰在于深刻把握了历史进步中那些代表着未来萌芽状态的事情，并把萌芽状态变成了思想状态、现实状态和组织状态，甚至变成了最广大民众的某种活动状态。这就是他们在人类历史上所发生的积极作用，是一般人所不可能发挥的特殊作用。

从这样一个角度来看，我们也希望英雄的真实作用是提升大众的精神品格。一方面是英雄扎根于群众，另一方面是群众趋向于英雄。英雄的一种重要作用就是给社会大众树立人生楷模、精神标杆以及高端形象。这也正是笔者所理解的哲学的作用。

笔者每次给华中科技大学哲学专业的新生进行专业教育，都会讲到哲学与人生的关系。哲学的作用在哪里？哲学帮助我们认识到人类已有文明发展的极限，然后来寻找突破与超越之路。

如果从这样的意义上来讲，所谓"立功""立言""立德"，就是在人类文明发展过程中，有这样一些人能够引领人类文明的方向，并且通过这种引领，让英雄的精神价值普遍化，从而把大众的境界提升到一个更高的精神和道义水平，使社会的精神道德境界能够得到普遍性的提高。

由此我们可以更好理解冯友兰主张的人生四境界说。他说首先是自然境界，然后是功利境界，而在更高的意义上，是一种道德境界和天地境界。真正的英雄，他的思想和行为最少是在道德境界而趋向于天地境界。如果这种趋向变成了英雄对于社会大众的感召点，那么英雄不仅仅获得了坚实的基础，也由此而展示出他们所具有的特殊社会功能。

四、认识论规约：在科学认识与合理定位的交汇点上

首先要正确认识英雄的客观价值。英雄是在历史文明进步中的特殊场景和特殊历史事件中产生的，他们在一个特殊的历史进程中，以特殊的奉献来挽救他人的生命，或者彰显了某种人类精神，填补了历史发展中的某些空当，或者预示着人类文明发展的新

方向,这是他们所具有的现实实践意义上的价值。

对于这样一种价值,我们首先必须给予客观的承认。笔者曾经参与过中央电视台"感动中国人物"的评选与颁奖典礼,很受感动。这些英雄或者楷模的每一次评选都是非常神圣的,是对我们时代精神的一次检阅。

但是,在社会上也确实出现了对英雄的不敬,有的英雄人物遭遇到不公正待遇,有的英雄的行为遭到否定,甚至出现了对英雄的各种形式的恶搞,真的是叫"长使英雄泪满襟",让一些英雄不仅流血流汗,还要流泪。这也提醒我们要准确合理定位英雄,在确认英雄的客观的、直接的实践价值的同时,更加科学合理地定位他们的社会意义和社会价值。我们既要充分肯定英雄对于人类文明进步的贡献,肯定其对一个国家、一个民族、一个阶级以及一个政党所具有的示范意义,同时也特别应该注意对其合理定位。

一个成熟的民族和一个健康的社会应当懂得怎样来尊重和呵护英雄,防止产生盲区和误区,以便更好地发挥英雄的作用。首先,在思想上要严肃认真地对待英雄,在认识和舆情上不能低估、不能遗忘、不能抹黑,不能有任何的不公和不恭。其次,在制度上要公正地对待英雄,要让英雄得到应有的待遇并使其生活在一个公正和合适的环境中。再次,要客观合理地宣传和弘扬英雄精神,不要无原则地过度拔高,使其失去现实的基础,甚至变成笑料。从某种意义上说,对英雄的恰当的态度恰恰是社会政治生态良好的表现,也是社会良好心态的表现。

五、价值性追寻:在平凡世界与追寻卓越的交汇点上

对英雄现象的价值性追寻,要求我们在平凡世界与追寻卓越的交汇点上看待英雄。今天我们来谈英雄,为什么要讲到一个新文明形态的构建?不同的时代产生不同的英雄。如果社会处于重大的转型期,可能会凸显战争的需要,塑造出战斗英雄;如果社会处于政治变革期,可能会凸显政治变革的需要,造就政坛英雄;如

果社会处于思想变革期,可能会凸显思想的需要,会造就伟大的思想家。而且往往在历史发展最重要的时期会同时造就不同类型的英雄,或者造就出像马克思这样一身多任的英雄。

现在的问题是:一方面,我们的社会在总体上处于平稳的发展时期,平凡是社会生活的本色,在这种情况下是否还会需要英雄,是否还会出英雄?出什么样的英雄?应该承认,近年来,中国社会日益关注切实保障和改善民生,我们的哲学也确实在转向生活世界。但平凡中仍然有不断增加的对美好生活的向往,仍然需要追寻卓越与崇高。另一方面,当代中国进入了新时代,新时代需要什么样的新英雄?将会造就什么样的英雄?应当看到,新时代的中华民族肩负着伟大复兴的神圣使命,而当代世界正面临百年未有之大变局,世界的不确定性正在急剧增加。在中华民族谋求和平崛起的道路上,周围充满着荆棘,脚下潜伏着各种陷阱,需要付出持续的努力,不断追寻卓越与崇高。在这双重意义上,当代中华民族仍然需要自己的时代英雄。他们是新时代新文明形态的重要表征,可以激励当代中华民族为自己和人类作出更大贡献。

也正是在这样的背景下,我们来探讨英雄问题,探讨如何通过英雄的宣传让我们的社会大众能够继续趋于崇高。在笔者主讲的中国大学慕课"哲学、文化与人生智慧"的结尾,笔者将哲学对人生智慧的启迪概括为"爱智、求真、向善、致美和崇圣"。哲学所爱的大智慧,应当能够教会我们去尊重和探寻真理、追寻美德、欣赏美好并且向往崇高!这正是英雄的品格,也是我们学习英雄所应当努力的基本方向。

第三节 文明交流互鉴的亚洲宣言

在世界多极化、经济全球化、文化多样化、社会信息化深入发展背景下,保守主义、逆全球化倾向在一些西方大国沉渣泛起,"文明冲突论""文明优劣论"甚嚣尘上。在亚洲文明对话大会开幕式上,习近平主席发表主旨演讲,把亚洲文明、中华文明置于世界文明进程之中加以考察,并从中华文明对亚洲文明和世界文明的贡献等多维视角,全面阐述了新时代人类文明观、亚洲文明观和中华文明观,发出了文明交流互鉴的亚洲宣言,为构建人类命运共同体提供了思想理论支撑。

一、直面"文明冲突论"和"文明优劣论"

"文明冲突论"和"文明优劣论"从来就有,但在人类文明发展的不同时期和不同阶段有着不同的表现和重点。在人类文明发展史上,各种族、民族和国家在不同地域诞生、繁衍和发展,形成了不同的民族文明和文化类型,这本是一个自然的历史过程。但由于各民族文化、各地域文明之间存在性质差异和发展程度差异,在文明的交汇与文化的传播中先后产生过各种形式的"文明冲突论"和"文明优劣论",甚至直接陷入极端种族主义和宗教激进主义,导致不同文明之间的冲突,甚至种族杀戮和文明征伐,严重破坏了人类文明的整体性存在与共同性发展。近代以来的世界现代化是以一些发达国家与民族掠夺欺凌落后国家与民族作为代价的,在此过程中,强化了"西方文明优越论"和"西方文明中心论"。

随着经济全球化和人类文明进步,民族平等和国家平等成为时代性价值取向。特别是第二次世界大战之后,在大国博弈的格局中,亚非拉国家与民族获得了较多的发展机会和空间,力量对比逐渐发生变化;与此同时,在联合国的主导下,国家不分大小一律平等逐渐成为共同意识,不同民族尤其是弱小民族的文明与文化得以保护和发展。随着东欧剧变和冷战结束,意识形态冲突相对淡化,基于经济利益和国际地位的文明与文化问题再度凸显出来。

在此背景下,亨廷顿于1993年提出"文明冲突论",认为文明冲突将在21世纪成为世界冲突的主要形态。2008年爆发的国际金融危机让美国切身感受到了经济全球化的新态势和世界力量对比的新变化,近年来,美国政府把保守主义提升为国家意志,所谓的"美国优先"和"让美国再次伟大",实际上是一种新的"美国文明优越论",是对经济全球化的恶性冲击,也会加剧文明冲突。美国一些官方人士把中美之间的差异进一步界定为中美之间的文明冲突,值得关注和警惕。

直面复杂背景与严峻态势,习近平主席在主旨演讲中专门谈到了在当今极度复杂的世界格局中如何看待不同文明之间差异、优劣的问题,提出了具有鲜明中国特色的人类文明观。

首先,客观承认和自觉尊重各种文明的价值。每一种文明都扎根于自己的生存土壤,凝聚着一个国家、一个民族的非凡智慧和精神追求,都有自己存在的价值。其次,正确认识和对待文明的差异,因为人类只有肤色语言之别,文明只有姹紫嫣红之别,但绝无高低优劣之分。再次,旗帜鲜明地反对和批判各种形式的"文明优越论"。习近平主席鲜明指出:"认为自己的人种和文明高人一等,执意改造甚至取代其他文明,在认识上是愚蠢的,在做法上是灾难性的!如果人类文明变得只有一个色调、一个模式了,那这个世界就太单调了,也太无趣了!"最后,始终坚持文明对话互鉴的原则和方法,秉持平等和尊重,摒弃傲慢和偏见,加深对自身文明和其他文明差异性的认知,推动不同文明交流对话、和谐共赢。

二、阐释亚洲责任和亚洲共识

构建人类命运共同体,需要各个国家和地区共同参与。构建亚洲命运共同体,既是构建人类命运共同体的必要组成部分,也是造福亚洲国家的重要途径。亚洲国家既承载特殊责任,也要履行相应使命。从历史的角度看,古代人类文明发展中,亚洲文明占有极为重要的地位。亚洲是人类文明的摇篮,古巴比伦文明、古印度文明、中华文明均在这里诞生。人类文明发展离不开亚洲人民、亚洲各民族的积极探索与创造。

当代亚洲文明在当代世界文明中的地位和作用如何？客观来说，近代以来，西方率先走向现代化，成为20世纪世界文明的领头羊，亚洲逐渐在近代文明发展中落伍。于是，西方文明似乎成为人类文明的唯一标准、唯一代表，似乎现代化就是西方化，西方中心主义成为世界文明理论的主导理论。一些落后国家与民族甚至不惜全盘西化，却造成不少人间悲剧。如今，这种情况正在发生深刻改变。

在当前全球治理格局发生的一系列变化中，最突出的变化就是世界中心的转移。应该说，在当代世界经济中，亚洲国家扮演着越来越重要的角色，发挥着越来越积极的作用。随着亚洲特别是东亚国家的快速崛起，不同于西方的现代化发展道路不断被开辟。只要亚洲经济社会不断发展，亚洲国家增强团结互信，共同肩负起促进亚洲繁荣发展的共同责任，共同构建亚洲命运共同体，就能对发展人类文化作出重要贡献。

在此背景下，强化和提升亚洲共识，对于构建亚洲命运共同体意义重大。应该看到，今天的亚洲是一个广袤的地区，47个国家以世界三分之一的土地养活了世界三分之二的人口，是当今世界不可低估的重要力量。从内部来看，亚洲国家历史有长有短，国度有大有小，发展有先有后，水平有高有低，国力有强有弱，存在着意识形态和文化形态差异，也存在共同的发展愿景。亚洲各国应在先辈们铸就的光辉成就的基础上，坚持同世界其他文明交流互鉴，努力续写亚洲文明新辉煌。

习近平主席在主旨演讲中概括提出亚洲人民的三大期待，即"亚洲人民期待一个和平安宁的亚洲""亚洲人民期待一个共同繁荣的亚洲""亚洲人民期待一个开放融通的亚洲"。这三大期待，指出了亚洲国家共同努力的方向。维护和平是每个国家都应该肩负起来的责任，实现安居乐业、普遍安全，需要各国互尊互信、和睦相处，广泛开展跨国界、跨时空、跨文明的交往活动；经济发展是文明存续的有力支撑,远离贫困,实现富足安康,需要各国合力推进开放、包容、普惠、平衡、共赢的经济全球化;融入世界经济发展潮流是增强文明活力的应有之义,远离封闭,实现融会通达,需要各国推进政策沟通、设施联通、贸易畅通、资金融通、民心相通。因此,要促使亚洲地区在构建人类命运共同体,尤其是在构建亚洲命运共同体这个重大战略问题上,达成更多的共识,开展共同的努力。

三、明确中国立场与中国责任

改革开放以来,中国经济政治社会文化生态全面发展,取得了巨大成就。随着中国日益走近世界舞台的中央,中国的发展一方面得到了世界的关注和重视,另一方面也遭遇到各种疑虑、误读甚至恶意攻击。习近平主席指出,"未来之中国,必将以更加开放的姿态拥抱世界、以更有活力的文明成就贡献世界"。积极推进构建人类命运共同体和亚洲命运共同体,既是中国的责任与使命,也是当代中国为人类文明作贡献的重要路径。

从内在关系看,中华文明是亚洲文明的重要组成部分。自古以来,中华文明在继承创新中不断发展,在应时处变中不断升华,沉淀着中华民族最深沉的精神追求,是中华民族生生不息、发展壮大的丰厚滋养。从内在动力看,中华文明是在同其他文明不断交流互鉴中形成的开放体系。从历史上的佛教东传、"伊儒会通",到近代以来的"西学东渐"、新文化运动、马克思主义和社会主义思想传入中国,再到改革开放以来全方位对外开放,中华文明始终在兼收并蓄中历久弥新。从价值取向看,内谋民族复兴、外求共同繁荣是优秀民族文化的共同追求,协和万邦是中华文明一贯的处世之道,惠民利民、安民富民是中华文明鲜明的价值导向,道法自然、天人合一是中华文明内在的生存理念。这些优秀的民族品格可以充实与提升亚洲命运共同体的思想境界和价值品格。

为了共建亚洲命运共同体、人类命运共同体,习近平主席提出了四点主张,即"坚持相互尊重、平等相待""坚持美人之美、美美与共""坚持开放包容、互学互鉴""坚持与时俱进、创新发展"。这一重要论述,聚焦思想、体制、政策与方法等方面,对于亚洲国家进一步通过对话加强共识,推进文明融通、促进共同发展发挥了积极作用。习近平主席强调:"今日之中国,不仅是中国之中国,而且是亚洲之中国、世界之中国。"这展示了一种开放的心态,也表明了中国人民与亚洲和世界各国人民共创辉煌的决心和信心。坚持文明交流互鉴,打造亚洲命运共同体,中国必将为人类文明进步作出更加卓越的贡献。

第四节　后疫情时代人类实践变革与马克思主义发展的新要求[①]

党的十九届五中全会审议通过了《中共中央关于制定国民经济和社会发展第十四个五年规划和二〇三五年远景目标的建议》,为顺利实现中华民族伟大复兴的"第二个百年奋斗目标"打下了基础,把近期的"十四五"规划、中期的2035年目标与远期的2050年目标紧密结合起来,提出了全方位、综合性的战略全局和行动路线图,预示着中国道路与21世纪马克思主义发展的新境界。中国道路是21世纪马克思主义发展的一个重要的现实基础和前提,从开辟21世纪马克思主义发展新境界的高度来看,当代中国马克思主义研究不仅仅要关注中国问题,也要关注世界问题,不仅仅要关注和总结已有的中国经验,更为关键的是要更好地开拓未来的中国道路,尤其是要前瞻性地探析后疫情时代的人类实践变革对马克

---

① 欧阳康,王誉霖.后疫情时代人类实践变革与马克思主义发展的新要求[J].马克思主义与现实,2021(1):12-20,203-204.(有修改。)

思主义新发展提出的前所未有的机遇和挑战。

疫情影响之下是相对于疫情之前而言的,而促成这一划时代变革的无疑是这场百年不遇、突如其来的疫情。美国前国务卿基辛格早在疫情刚开始在全球大流行时就曾指出,"疫情将永远改变世界秩序"[①]。在中国共产党的坚强领导下,中国不仅能够更加主动地促进社会发展和经济复苏,而且能够站在时代高度更加从容地反思疫情给全世界带来的巨大影响。

如何认识疫情给全世界带来的冲击和影响,本节尝试提出一种新的观察和思维方法。相对于人们比较熟悉的社会运行和发展的常态逻辑,疫情作为一种极其罕见的、突发的、难以准确预料的事件,不仅可能带来社会的极大震荡,还有可能产生一种异态逻辑,构成对人类认识能力、价值观念和行为方式等的根本性挑战。

从总体上看,人类社会的发展可能呈现常态和非常态两种形态,并因循着常态逻辑和异态逻辑。所谓常态逻辑,就是人类社会在一个相对稳定的生产力与生产关系、经济基础与上层建筑的作用与反作用的结构关系和运行过程中,按照一定的周期、一定的节奏、一定的方向或一定的轨迹运行,处于比较正常的范围和区间,人类社会的运行发展方式展示出来的是比较稳定和持续的轨迹或逻辑,因而在总体上是可预期的,也是可调控的。异态逻辑则是对常态逻辑的骤然打破或革命性变革,造成社会的无序和混乱。

异态逻辑有可能迫使人类社会发展的常态逻辑脱离原有的运行轨迹,进入一种异常的状态,进而激化或扭曲原有的社会矛盾,引起人类社会在经济基础或上层建筑等方面的被动性和适应性变革,直到进入下一个相对稳定的常态逻辑。在此意义上,异态逻辑可谓是人类社会发展进入一个新的社会形态或社会周期的过渡和中介,但它并不必然意味着进步,也可能代表着停滞、退步以至毁

---

① Kissigner H A. The Coronavirus Pandemic Will Forever Alter the World Order[J]. The Wall Street,2020(4):1.

灭。正如历史唯物主义所揭示的，人类社会在从低级向高级阶段发展的过程中并不是一帆风顺的，而是充满了特殊性、多样性、偶然性和曲折性。从时间效应来看，自工业革命开启世界历史进程以来，尤其在当前高度全球化背景下，异态逻辑对人类社会发展的影响在速度、广度、深度等各方面都呈现出一种全面加速的趋势，从而使得其后果的显现也愈发快速、复杂且难以预测。

这次疫情实际上凸显了以往我们不曾注意或常被忽略的作为极端突发事件的异态逻辑的重要性。事实上，当下突如其来的疫情不仅具有"加速器"效应，更发挥着"催化剂"和"牵引器"的多重功能，它不仅在短短几个月内将全人类从生存危机的底线上内在地构成了一个前所未有的命运共同体，更将全球各个国家、民族在经济、政治、社会、文化、生态等层面上积累的矛盾和冲突集中暴露出来。在当今百年未有之大变局的时代背景下，不同国家抗疫的不同表现不仅影响着特定国家的未来发展方向，更给世界格局的未来发展演变带来更多的不确定性。① 疫情不仅严重危害人类的生命安全和身体健康，也正在引发人类实践的深刻变革，并对中国和世界格局发展演变造成尚难估量的后续影响。这既向马克思主义的新发展提出了前所未有的紧迫问题和严峻挑战，也提供了前所未有的鲜活资源和发展机遇。本节基于这一异态逻辑的新视角，尝试从人与自然、全球化与反全球化、单边主义与多边主义、个人与社会四个重要方面探讨疫情影响之下的人类实践变革与马克思主义的新发展所面临的12个重要问题，探索在疫情影响之下拓展中国道路和发展21世纪马克思主义的新方向与新境界。

一、重新思考人与自然的关系

受疫情影响的人类实践变革面临的第一个重大问题就是重新

---

① 欧阳康.后疫情时代的世界体系演变与价值观重构[J].决策与信息,2020(11):2.

思考人与自然的关系。恩格斯曾振聋发聩地告诫道:"我们不要过分陶醉于我们人类对自然界的胜利。对于每一次这样的胜利,自然界都对我们进行报复。"①这次疫情不啻是大自然对人类当前生产与生活方式的一次反噬和警告。试想一个肉眼看不见的、可能在自然界存在了许多年的病毒,竟然在一个自诩科技文明高度发达的现代人类社会造成了如此巨大的灾难。这实际上是我们人类关于自然的认识的极限性的严峻挑战。

在马克思主义哲学的视域中,极限是有限与无限的边界,也是有限向无限过渡转化的节点、临界点。认识极限在总体上指的是人类在认识活动一定阶段所能达到的最高水平,就个体而言则指个体主体在一定时期的最高认识能力及其实现的最高水平。② 长期以来,马克思主义哲学研究缺少对于认识极限问题的关注和深入探讨,这次疫情启示我们,当前我们对自然的认识无论在总体上还是在个体上都是非常有限的。这里涉及三个非常重要的问题。

第一,自然的复杂性与人的有限性。恩格斯认为,"我们对自然界的整个支配作用,就在于我们比其他一切生物强,能够认识和正确运用自然规律"③。但现代科学技术的快速发展,使得人类过于自信,觉得人作为万物之灵,是自然界的立法者,可以穷尽大自然的奥秘,进而能够改造自然、利用自然,甚至控制自然、征服自然。现在看来,这在很大程度上是一种错觉,甚至是一种谬论。疫情凸现出很多不易确定的根源问题,自然界的复杂性远远超出了我们当前的想象和既有的认知水平。

考察史前时代至今人类与瘟疫博弈的全部历史就会清楚地发现,瘟疫一直在挑战人类的认识极限,并反向促进人类对大自然认

---

① 中共中央马克思恩格斯列宁斯大林著作编译局.马克思恩格斯文集:第9卷[M].北京:人民出版社,2009:559-560.
② 欧阳康,姜权权.认识的极限及其超越:认识论研究的一个重大前沿问题[J].哲学研究,2020(2):4.
③ 中共中央马克思恩格斯列宁斯大林著作编译局.马克思恩格斯文集:第9卷[M].北京:人民出版社,2009:560.

识水平的不断提高。① 这启示我们,在一定的生产力与生产关系的基础上,作为历史的现实的人,对自然的复杂性的认识水平必然是相对有限的。正如恩格斯所说的,"人的内部无限的认识能力和这种认识能力仅仅在外部受限制的而且认识上也受限制的各个人身上的实际存在这二者之间的矛盾,是在至少对我们来说实际上是无穷无尽的、连绵不断的世代中解决的,是在无穷无尽的前进运动中解决的"②。为此,马克思主义的新发展必须从人的认识极限的维度进一步推进人类对自然的复杂性的认识,以便为下一次可能到来的类似极端突发事件做好必要的准备。

第二,自然价值的多重性与人的价值选择的合理性。自然价值具有多重性,这一多重性首先体现在自然界相对于人的先在性及其存在的价值本身。马克思、恩格斯认为,自然界"先于人类历史而存在"③,而人作为直接的自然存在物,"本身是自然界的产物,是在自己所处的环境中并且和这个环境一起发展起来的"④,进而更须明确承认,无论人与自然的现实统一程度如何,"自然界的优先地位仍然会保持着"⑤。这表明,人只是自然界的一员,人的生存和发展不能超越乃至否定自然界存在的价值本身。其次,这一多重性还体现为自然界作为人类社会财富第一源泉的基础性地位。马克思指出,"全部人类历史的第一个前提无疑是有生命的个人的存在。因此,第一个需要确认的事实就是这些个人的肉体组

---

① [美]麦克尼尔.瘟疫与人[M].余新忠,毕会成,译.北京:中国环境科学出版社,2010:5.
② 中共中央马克思恩格斯列宁斯大林著作编译局.马克思恩格斯文集:第9卷[M].北京:人民出版社,2009:128.
③ 中共中央马克思恩格斯列宁斯大林著作编译局.马克思恩格斯文集:第1卷[M].北京:人民出版社,2009:530.
④ 中共中央马克思恩格斯列宁斯大林著作编译局.马克思恩格斯文集:第9卷[M].北京:人民出版社,2009:38-39.
⑤ 中共中央马克思恩格斯列宁斯大林著作编译局.马克思恩格斯文集:第1卷[M].北京:人民出版社,2009:529.

织以及由此产生的个人对其他自然的关系"①,即通过劳动来生产满足自身需要的物质生活本身。这表明,"人靠自然界生活"②。"没有自然界,没有感性的外部世界",人类将"什么也不能创造"。③ 然而人在占有和使用自然资源时,其价值选择往往带有极端片面性,即把自然界更多地看作满足人类利益的工具,而相对忽略了自然先于人类存在的价值本身,这次疫情凸显了人作为自然存在物的脆弱性以及自然本身价值的重要性。

习近平总书记指出,必须树立和践行"绿水青山就是金山银山"的理念,坚持"人与自然和谐共生"。④"绿水青山"(生态)与"金山银山"(经济)相融汇的理念创新,超越了"人类中心主义"的传统自然观,将人类实践之于自然的内在尺度和外在尺度,即人类的生存和发展规律与自然的存在规律,和谐地统一起来,进而更加尊重自然、顺应自然、保护自然,推动构建人与自然可持续发展的命运共同体。

马克思主义的新发展应当进一步考虑如何真正贯彻落实"绿水青山就是金山银山"等新时代发展理念,在推进国家治理现代化的过程中更加突出生态善治维度,从而为真正实现"人类与自然的和解以及人类本身的和解"⑤奠定更为坚实的基础。

第三,自然的自在逻辑与人的自觉逻辑之间内在的相关性、矛盾性甚至是冲突性。自然的逻辑是客观的、自在的,不是为了人而存在的,而"人作为自然的、肉体的、感性的、对象性的存在物,同动植物一样,是受动的、受制约的和受限制的存在物,就是说,他的欲

---

① 中共中央马克思恩格斯列宁斯大林著作编译局. 马克思恩格斯文集:第1卷[M].北京:人民出版社,2009:519.
② 中共中央马克思恩格斯列宁斯大林著作编译局. 马克思恩格斯文集:第1卷[M].北京:人民出版社,2009:161.
③ 中共中央马克思恩格斯列宁斯大林著作编译局. 马克思恩格斯文集:第1卷[M].北京:人民出版社,2009:158.
④ 习近平.习近平治国理政:第3卷[M].北京:外文出版社,2020:19.
⑤ 中共中央马克思恩格斯列宁斯大林著作编译局. 马克思恩格斯文集:第1卷[M].北京:人民出版社,2009:63.

望的对象是作为不依赖于他的对象而存在于他之外的"①。但与此同时,"人不仅仅是自然存在物,而且是人的自然存在物,就是说,是自为地存在着的存在物,因而是类存在物。他必须既在自己的存在中也在自己的知识中确证并表现自身"②。这段话突出表明了人的自然属性与社会属性的辩证统一关系。一方面,人作为自然界的产物,其生存和发展始终受制于自然规律的制约,但另一方面,人作为这个世界上唯一具有意识特别是自我意识的社会存在物,在有意识、有目的的自觉的实践活动中,往往试图突破乃至超越这一规律的被动制约和束缚,这次疫情无疑凸显了二者之间的矛盾性和冲突性。

从根本上来说,这一问题的解决有赖于人类实践方式的变革,而人对其自身存在的自觉意识尤其价值观念的变革在推动人类实践方式的变革方面起着非常重要的作用。当前中国特色社会主义已进入新时代,我国社会主要矛盾也由此转化为人民日益增长的美好生活需要和不平衡不充分的发展之间的矛盾。在2020年全面建成小康社会之后,建设美好社会,实现美好生活,就成为新时代中国特色社会主义和21世纪马克思主义发展的必然逻辑。③ 为此,马克思主义的新发展就应当考虑如何进一步将美好生活的价值引领与人类实践变革更好地结合起来,从而实现自然的自发逻辑和人的自觉逻辑之间的内在协调统一。

二、重新思考全球化与反全球化的关系

疫情影响下的人类实践变革面临的第二个重大问题是重新思

---

① 中共中央马克思恩格斯列宁斯大林著作编译局. 马克思恩格斯文集:第1卷[M].北京:人民出版社,2009:209.
② 中共中央马克思恩格斯列宁斯大林著作编译局. 马克思恩格斯文集:第1卷[M].北京:人民出版社,2009:211.
③ 项久雨.新时代美好生活的样态变革及价值引领[J].中国社会科学,2019(11):4-24,204.

考全球化与反全球化的关系。自地理大发现开启世界历史进程以来,人类社会就不可避免地卷入了全球化的过程,这一过程伴随着资本主义在全球的扩张而势不可当。正如马克思、恩格斯在《共产党宣言》里所描述的,"资产阶级,由于开拓了世界市场,使一切国家的生产和消费都成为世界性的……它使未开化和半开化的国家从属于文明的国家,使农民的民族从属于资产阶级的民族,使东方从属于西方"①。正是这种"东方从属于西方"的不平等的支配关系形成了全球化过程中"边缘(半边缘)—中心"的世界经济分工体系②,进而压制了广大第三世界国家反全球化的力量。

冷战后开启的新一轮全球化进程是人类有史以来规模最大、影响最为深远的,其中最根本的一大变化是反全球化的中心逐渐由之前广大的第三世界国家转移到了西方发达国家内部中下层利益受损阶级。这一转变的根源在于,新自由主义的自由放任和资本的逐利本性,使得西方发达国家纷纷将中低端产业迁移到成本更低、市场更近的第三世界国家,导致西方发达国家自身中低端产业的空心化与中下层阶级的"本土化失落"和相对剥夺,从而与金融、高科技等全球精英形成鲜明的两极分化。③法国经济学家托马斯·皮凯蒂通过对美、英、法、德等发达国家财富及分配不平等的长时段历史研究发现,发达国家的社会不平等现象自20世纪80年代以来越来越严重,如果不采取切实措施,21世纪必然会重蹈马克思《资本论》中所批判的19世纪的覆辙。④

2008年的全球经济危机激化了西方发达国家的两极分化等内部治理问题,从近年来的"占领华尔街"运动到英国脱欧、欧洲反移民以及极右翼政党的崛起,特别是在2016年美国大选中特朗普

---

① 中共中央马克思恩格斯列宁斯大林著作编译局. 马克思恩格斯文集:第2卷[M]. 北京:人民出版社,2009:35-36.
② [美]沃勒斯坦. 现代世界体系:第1卷[M]. 郭方,等译. 北京:社会科学文献出版社,2013:349-357.
③ [英]鲍曼. 全球化——人类的后果[M]. 郭国良,徐建华,译. 北京:商务印书馆,2001:2-3.
④ [法]皮凯蒂. 21世纪资本论[M]. 巴曙松,等译. 北京:中信出版社,2014.

的获胜,都表明西方发达国家内部的反全球化力量已经从过往的社会运动转变成了直接的政治行动。2020年突如其来的疫情无疑给全球化的未来命运增添了一抹浓重的暗色,在此次全球公共卫生与生命安全危机面前,疫情甚至可能成为反全球化力量手中的一枚重磅炸弹,在某种程度上加速扭转全球化原有的发展轨迹。这促使我们思考以下几个重要问题。

第一,如何进一步认识现代化的价值二重性甚至多重性。过去我们通常认为,现代化就是全球化、西方化,就是"东方从属于西方"并最终转变为西方,即"工业较发达的国家向工业较不发达的国家所显示的,只是后者未来的景象"[①],现代化和全球化因而存在着价值底色上的同一性。如果说此前的现代化更多地表现为西方对全球化的强行扩张以及由此导致的广大第三世界国家或被动或主动的追赶,那么当前西方发达国家内部反全球化力量的兴起则表明,现代化开始愈发呈现出其价值上的多重性和复杂性,而与全球化共享的价值同一性也日益分化和割裂。在疫情冲击下,这一分化和割裂将如何演变,又该如何解释这一新现象及其转变背后的实质,是疫情影响下马克思主义的现代化理论必须回答的一个重大命题。

第二,如何进一步认识全球化的命运与人类文明未来命运之间的关系。全球化代表人类文明发展的基本方向吗?它与人类文明发展是同方向还是不同方向?人类文明发展是一条预定的道路、统一的道路,还是一条分离的道路?马克思、恩格斯在《共产党宣言》中指明了人类文明发展的必然方向,即"资产阶级的灭亡和无产阶级的胜利是同样不可避免的"[②],预示着共产主义理想在未来必然实现,而资本主义在全球的扩张将加速这一天的到来。当

---

① 中共中央马克思恩格斯列宁斯大林著作编译局. 马克思恩格斯文集:第5卷[M].北京:人民出版社,2009:8.
② 中共中央马克思恩格斯列宁斯大林著作编译局. 马克思恩格斯文集:第2卷[M].北京:人民出版社,2009:43.

前西方发达国家内部反全球化力量的兴起以及现代化的价值二重性甚至多重性启示我们,资本主义主导的全球化是一把"双刃剑",它与人类文明发展之间的关系远比我们之前想象的复杂。正如习近平总书记指出的,当前"资本主义固有的生产社会化和生产资料私人占有之间的矛盾依然存在,但表现形式、存在特点有所不同"①。

从根本上来说,这一新的"表现形式、存在特点"不仅是西方资本主义制度所固有的内在矛盾激化的体现,更意味着自冷战结束以来在全球大肆扩张的新自由主义的失败和"华盛顿共识"的破产,以及与之相应的"马克思的幽灵"在西方国家由隐到显的发展过程。② 这一切都印证了马克思对资本主义批判的深刻性和生命力,表明马克思仍是我们时代的同路人。但如何从学理上具体阐释这一新的"表现形式、存在特点"及其与全球化和人类文明未来命运之间的关系,则是疫情影响下马克思主义政治经济学必须面对的重大理论命题。

第三,如何进一步认识全球化、反全球化与全球治理的关系。近年来全球化遭遇了它的最大悖论,即全球化、现代化的原发区域和历史上、整体上的最大受益者竟然变成了反全球化的最大力量。针对这一新状况,习近平总书记在纪念马克思诞辰200周年大会上的讲话中特别强调,"今天,人类交往的世界性比过去任何时候都更深入、更广泛,各国相互联系和彼此依存比过去任何时候都更频繁、更紧密。一体化的世界就在那儿,谁拒绝这个世界,这个世界也会拒绝他"③。这表明,全球化的趋势不可逆转,但在西方发达国家反全球化力量的强力冲击下,全球各国将被迫作出各自的新抉择,全球治理体系和治理能力也不得不自我革新以适应这一变化了的新现实。

---

① 习近平.不断开拓马克思主义政治经济学新境界[J].求是,2020(16).
② [法]德里达.马克思的幽灵[M].何一,译.北京:中国人民大学出版社,2016.
③ 习近平.在纪念马克思诞辰200周年大会上的讲话[N].人民日报,2018-05-05.

三、重新思考单边主义与多边主义的关系

单边主义与多边主义之间的关系是疫情影响下人类实践变革与马克思主义新发展必须思考的第三个重大问题。单边主义、多边主义与全球化、反全球化之间有着复杂的关系交织，二者的不同主要在于，当代国际事务中的单边主义特指美国，也唯有美国有实力、有意愿不顾世界绝大多数国家的反对强推单边主义。这主要表现在冷战结束后，美国为确保全球单一霸权的永续，积极推行进攻性的"新保守主义"价值观外交，通过先发制人的单边主义，在世界上强行推广所谓的"自由民主"，在很大程度上抛弃了传统的多边主义做法。

2016年以来，特朗普推行的一系列"美国优先"政策，对全球政治、经济、军事安全以及气候治理等方面的多边主义机制造成严重冲击。特别是在2017年底发布的《国家安全战略》报告中，美国明确将中国列为战略竞争对手，并对华发起贸易战、科技战等，企图以新的"印太战略"来进一步围堵、阻遏中国的和平崛起。2020年底，等待上任美国总统的拜登也在第一时间承诺会带领美国重回多边主义，以再次领导世界，但美国在国际上的道义形象和软实力基础尤其是盟友间的信任关系一旦被破坏就很难修复，世界各国也更加看清美国自冷战结束以来在单边主义和多边主义间的来回摇摆，完全是基于美国霸权政治的现实需要。因此，关于美国的走向和世界应对，我们需要认真考虑以下几个重要问题。

第一，如何进一步认识中国和平崛起背景下的中美战略竞争与"修昔底德陷阱"[①]。近些年来，中美关系在特朗普时期的急剧

---

① 已有不少学者指出，所谓"修昔底德陷阱"，本身在概念上就不成立。参见晏绍祥.雅典的崛起与斯巴达的"恐惧"：论"修昔底德陷阱"[J].历史研究,2017(6):109-125,191-192.何元国."修昔底德陷阱"：一个站不住脚的概念[J].安徽史学,2020(2):120-125.

恶化尽人皆知,为此国内外有不少关于中美关系注定难逃"修昔底德陷阱"的悲观论调,但对于这一概念的开创者格雷厄姆·艾利森来说,尽管中美之间在文化价值观、发展道路等方面存在巨大分歧,但所谓"修昔底德陷阱"既非历史铁律,更非中美关系之未来的必然宿命,它以问号呈现的"注定一战"标题毋宁是对中美两国执政者的谆谆告诫,即中美双方完全可以凭借智慧使得两国成为历史上崛起大国和守成大国之间和平解决自身问题的第5个案例,而非导致战争的第13个案例。① 因而问题的关键就在于,中美双方如何真正建立战略互信,并及时准确判断对方的战略意图,否则就真有可能像习近平主席所说的,"世界上本无'修昔底德陷阱',但大国之间一再发生战略误判,就可能自己给自己造成'修昔底德陷阱'"②。

中国外交部前副部长傅莹在美国《纽约时报》撰文指出,当前中美两国迫切需要的是坦诚交流,更好地了解彼此意图并培育信任,在此基础上,两国有可能通过解决彼此关切来发展某种"竞合"(竞争与合作)关系。③ 为此,在后疫情时代,如何进一步从公共卫生、经济发展、气候治理、数字安全等领域推进中美全球多边主义合作和战略互信基础构建,使得"宽阔的太平洋,容得下中美两个大国"④,就成为马克思主义新发展必须优先回答的一个最为紧迫的新时代重大理论和实践命题。

第二,如何进一步认识中美战略竞争背后的国家发展道路。特朗普时期美国对中国的贸易战、科技战等一系列对中国崛起的战略围堵、阻遏,从价值观念上来说源于美国抱持的亨廷顿曾经预言的"儒家文明"与西方文明之间的冲突论⑤,其背后追问的实质是

---

① [美]艾莉森.注定一战:中美能避免修昔底德陷阱吗?[J].陈定定,傅强,译.上海:上海人民出版社,2018:255-309,320-321.
② 习近平在华盛顿州当地政府和美国友好团体联合欢迎宴会上的演讲[N].新华网,2015-09-23.
③ 傅莹在《纽约时报》发文:重新激活中美关系[N].人民日报(海外版),2020-11-25.
④ 申孟哲.大国如何避免"修昔底德陷阱"?[N].人民日报(海外版),2015-11-27(16).
⑤ [美]塞缪尔·亨廷顿.文明的冲突[M].周琪,等译.北京:新华出版社,2012:185-186.

不同国家之间是否可以有不同的发展道路,决定不同发展道路的因素究竟是什么,以及不同发展道路之间有无优劣之分,等等。马克思天才地发现了人类社会发展的一般规律,但却反对将之简单化约为世界各国发展的"普适道路",正如马克思在驳斥俄国民粹主义思想家米海洛夫斯基时所说的,"他一定要把我关于西欧资本主义起源的历史概述彻底变成一般发展道路的历史哲学理论,一切民族,不管它们所处的历史环境如何,都注定要走这条道路⋯⋯(他这样做,会给我过多的荣誉,同时也会给我过多的侮辱)"①。习近平总书记在纪念马克思诞辰 200 周年大会上的讲话中也指出,"社会主义并没有定于一尊、一成不变的套路,只有把科学社会主义基本原则同本国具体实际、历史文化传统、时代要求紧密结合起来,在实践中不断探索总结,才能把蓝图变为美好现实"②。

中国特色社会主义现代化道路就是将马克思主义的基本原理与中国具体国情相结合的一次成功实践,不仅证明了社会主义制度的优越性,更为广大第三世界国家指明了一条不同于西方所谓"普适道路"的新的道路选择和可能性,即走适合自己国家具体国情的现代化道路。福山也由此修正了自己的"历史终结论",指出所谓"终结"是指对现代化辩论的终结,历史终结于现代化,而非终结于自由民主。③ 但问题的症结在于,美国始终坚信自己的"自由民主"道路的普遍性和优越性,并力求将全世界纳入其轨道。在疫情影响之下,如何进一步从根本上化解美国乃至西方对"普适道路"的价值迷思,就成为马克思主义新发展必须回答的重大理论和实践命题,更是坚定"四个自信"的必然要求。

第三,如何进一步认识疫情影响之下全球单边主义和多边主

---

① 中共中央马克思恩格斯列宁斯大林著作编译局. 马克思恩格斯文集:第 3 卷[M]. 北京:人民出版社,2009:466.
② 习近平. 习近平谈治国理政:第 3 卷[M]. 北京:外文出版社,2020:76.
③ [美]弗朗西斯·福山. 美国处在十字路口:民主、权力与新保守主义的遗产[M]. 周琪,译. 北京:中国社会科学出版社,2008:48-49.

义的发展演变。在2020年美国大选中,拜登的胜出似乎预示着美国外交政策将重返多边主义,但我们对疫情影响之下全球单边主义和多边主义发展演变的认识必须跳出单一的美国视角,重点关注两个区域。其一是欧盟。欧盟作为世界上政治、经济、文化、军事等一体化程度最高和国际影响力最大的区域性国际组织,也是美国单边主义最坚定的反对者。[①] 在世界新格局的重塑过程中,欧盟既面临英国脱欧、反移民、恐怖主义和疫情等一系列新老交织的复杂治理问题,更面临在不确定的世界中,经济放缓或陷入衰退的情况使不同国家分歧加深给欧盟一体化的新挑战,特别是同盟信任被破坏后如何进一步提高战略自主性的紧迫问题。欧盟的抉择和动向将对全球多边主义和单边主义的发展产生至关重要的影响。其二是东盟。东盟位于东亚与太平洋、印度洋经济圈最活跃最有发展潜力的"十字路口",是中国"一带一路"倡议的重要组成部分以及中美战略竞争的前沿交叉点,更是当今世界多边主义的坚定倡导者。2020年,由东盟发起主导的,包括中国、日本、韩国、澳大利亚、新西兰和东盟十国在内的《区域全面经济伙伴关系协定》(RCEP)正式签署,极大地振奋了近年来受美国单边主义严重冲击下的世界多边主义的信心。借由完成谈判的《中欧投资协定》和RCEP这两大重要抓手,中国在疫情影响下如何将之与"一带一路"倡议和积极考虑加入《全面与进步跨太平洋伙伴关系协定》(CPTPP)整合起来,决定着中国能否争取到即将到来的美国重返多边主义后的战略主动性,这一点当然也要纳入马克思主义研究的新视域。

四、重新思考个人与社会的关系

重新思考个人与社会的关系构成了疫情影响之下人类实践变

[①] 童世骏,曹卫东.老欧洲新欧洲:"9·11"以来欧洲复兴思潮对美英单边主义的批判[M].上海:华东师范大学出版社,2004:141-149.

革与马克思主义新发展必须关注的第四个重大问题。如何处理个人与社会的关系,是区分不同理论或学说的重要标准。自由主义一般认为,个人权利优先于社会,社会不过是个体在数量上的加总,因而社会的性质是由作为其组成部分的个体决定的。马克思则认为,"社会不是由个人构成,而是表示这些个人彼此发生的那些联系和关系的总和"①,但同时"应当避免重新把'社会'当做抽象的东西同个体对立起来"②。这表明,个体利益与社会利益在本质上是一致的,追求的是个人与社会的和谐统一。正是对个人与社会关系的不同看法,在很大程度上导致了不同国家、不同社会在抗击疫情中的不同表现和后果。比如,中国在疫情暴发初期就第一时间启动战时应急机制,并凭借中国共产党坚强领导的核心作用和社会主义制度的显著优势迅速控制了疫情,铸就了"生命至上、举国同心、舍生忘死、尊重科学、命运与共"的伟大抗疫精神③,使得经济社会生活得以快速复苏,从而为世界各国抗击疫情赢得了时间,树立了榜样,作出了杰出的贡献。相比之下,美国作为世界上科学技术和公共卫生水平最为发达的国家,一时竟然成了抗击疫情不理想的国家,这实在令人匪夷所思,也不得不引起我们思考以下几个重要问题。

第一,如何进一步思考异态逻辑下自由与生命的关系。在这次突如其来的疫情之前,西方社会普遍认为,自由高于生命,这是不容置疑的天赋人权,正如我们熟悉的匈牙利诗人裴多菲的诗歌所揭示的,"生命诚可贵,爱情价更高。若为自由故,二者皆可抛"。但在马克思看来,资本主义社会所允诺的自由只是形式上的自由,实际上,自由不仅是一个历史的实践的发展过程,更是一个现实的

---

① 中共中央马克思恩格斯列宁斯大林著作编译局. 马克思恩格斯全集:第30卷[M]. 北京:人民出版社,1995:221.
② 中共中央马克思恩格斯列宁斯大林著作编译局. 马克思恩格斯文集:第1卷[M]. 北京:人民出版社,2009:188.
③ 习近平. 在全国抗击新冠肺炎疫情表彰大会上的讲话[J]. 求是,2020(20).

情境化的建构,自由不是绝对的无条件的,当个人自由与公共安全发生冲突时,个人自由就必须在一定条件下服从于公共安全的需要,尤其是在疫情这一异态逻辑下。

中国坚持人民至上、生命至上,充分发挥举国体制和万众一心的制度优势,将全党、全国、全社会乃至14亿人口的力量都动员协调起来,不惜一切代价抢救每一个病患的生命,也对所有未被感染的健康人群负责,真正做到了个人利益与社会利益、短期利益与长远利益之间的统一和平衡。中国抗疫的快速有效在很大程度上与中国秉持的生命至上的理念有关。而在疫情影响之下,如何从生命至上和自由至上的两方面出发,从学理上进一步阐述异态逻辑下自由与生命的关系及其边界,则是马克思主义的政治学和伦理学必须回答的一个重大命题。

第二,如何认识异态逻辑下的社会公平正义。过去我们对社会公平正义的探讨通常是常态逻辑下的[①],但这次疫情真正凸显了异态逻辑下的社会公平正义问题,这是因为在常态逻辑下乍看起来貌似符合社会公平正义的一般做法,反而会在异态逻辑下暴露出其既不公平也不正义的实质面向。

这首先体现在资本的逻辑与抗疫的逻辑的冲突中。资本的本性是逐利的,马克思曾形象而深刻地批判道:"资本害怕没有利润或利润太少,就像自然界害怕真空一样。一旦有适当的利润,资本就胆大起来。……为了100%的利润,它就敢践踏一切人间法律;有300%的利润,它就敢犯任何罪行,甚至冒绞首的危险。"[②]而抗疫是一种极端异常状态,要保护所有人的生命安全与身体健康,必然要求政府对资本施加一定的限制。中国抗疫取得的积极成效很大部分在于党和政府承担了抗疫的所有公共成本,并对资本的逻

---

① 欧阳康,石德华,钟林. 社会公正的复杂性与当前中国社会公正的特殊性——国家治理的科学依据与合理路径[J]. 哲学研究,2016(8):97-104,129.
② 中共中央马克思恩格斯列宁斯大林著作编译局. 马克思恩格斯文集:第5卷[M]. 北京:人民出版社,2009:871.

辑严格监管,如严肃查处哄抬物价等扰乱抗疫物资市场秩序的行为,从而限制了资本的逐利本性,把人性和人的价值放在最高地位,真正确保了所有社会成员在生命面前实质上的公平正义。反观西方国家坚持市场优先,在抗疫初显效果时就匆忙放松抗疫措施,实质上是屈服于资本的逻辑,这正应了马克思所说的,资本主义社会真正拥有自由的是资本,以致疫情一波未平一波又起,最终损害的还是最广大普通民众的生命、健康和财产安全。

其次是抗疫的科学逻辑与政治逻辑的冲突。对疫情的认识先是一个科学问题,然后才是在科学逻辑的指导下进行抗疫的政治动员。中国就很好地遵循了抗疫的科学逻辑,在抗疫过程中铸就的伟大抗疫精神就包括"尊重科学"。而在美国,特朗普的连任失败在很大程度上在于疫情把他提出的"美国优先"的两个支柱即"本土的安全"和"经济的安全"基本上都摧毁了,特朗普的抗疫举措及在经济方面的举措都不如人意。这种情况为我们提供了一个观察美国式自由民主所许诺的社会公平正义的真实性和最终效果的极端切口,也为推进疫情影响之下马克思主义对异态逻辑的社会公平正义的学理思考提供了一个难得的契机。

第三,如何进一步认识东亚社会抗疫过程中再次凸显的亚洲价值观。在这次抗疫过程中,东亚社会的表现普遍较好,如政府行动快、措施有效、死亡率低,特别是在对政府出台的抗疫政策的较高社会接受度上,与西方发达国家形成了鲜明的对比,这使得在20世纪80—90年代曾引起国际社会热议的亚洲价值观重新回到了人们的视野。亚洲价值观最早是一些学者受马克斯·韦伯研究新教伦理与资本主义发展之间的关系启发,从儒家文化价值观的视角解释"东亚奇迹"的尝试,但真正使其获得国际影响力的则应归功于李光耀、马哈蒂尔等当时亚洲政治领袖的大力倡导。[1] 他们认为亚洲价值观体现的尊重权威和秩序、重视家庭和教育、集体

---

[1] 郑永年.中国崛起:重估亚洲价值观[M].上海:东方出版社,2015:28-29,81-82.

利益大于个人利益等,既有利于经济发展和社会稳定,又能避免西方社会的诸多弊病,如极端个人主义、家庭责任感下降、社会的原子化和冷漠、高犯罪率等,并将其作为亚洲国家对抗冷战结束后西方在全世界推广的所谓"普世价值"的替代选择。①

近年来随着中国的快速崛起,亚洲价值观的热议焦点逐渐转移到中国道路和"中国模式"上。② 突如其来的疫情使得亚洲价值观的内在价值优势再次凸显,中国作为亚洲价值观的发源地,正好可以趁此契机,将亚洲价值观与中国道路和"中国模式"以及亚洲文明整合起来,更好地打造融通中外的新概念、新范畴、新表述,并向世界讲好"中国故事",以提升中国的国际话语权。正如习近平主席在2019年于北京召开的亚洲文明对话大会上所指出的,亚洲是人类文明的重要发祥地,中华文明是亚洲文明的重要组成部分,推进亚洲文明平等对话、交流互鉴,不仅有助于增强亚洲文明自信、创新和活力,夯实共建亚洲命运共同体、人类命运共同体的人文基础,更有助于推进与西方文明的相互理解与多元包容,坚持美人之美、美美与共。③ 而如何完成这一整合以及新概念、新范畴、新表述的打造,则是疫情影响之下马克思主义新发展面临的又一个新时代重大命题。

纵观人类社会发展历史,异态逻辑下的极端事件往往扮演着关键的历史节点角色,全球大流行的疫情状态可以看作这种异态逻辑的一种表现,也是一个极端案例,它对中国和世界格局发展演变的后续影响可能远远超出我们的预估。本节基于这一异态逻辑的新视角,从人与自然、全球化与反全球化、单边主义与多边主义、个人与社会等四个重要方面提出了疫情影响下人类实践变革与马克思主义新发展所面临的12个重要问题,探析其对于新时代不断

---

① 郭良平. 东亚社会契约优势渐显[N]. 济南日报,2021-05-11(A06).
② 郑永年. 中国崛起:重估亚洲价值观[M]. 上海:东方出版社,2015:6-11.
③ 习近平. 深化文明交流互鉴 共建亚洲命运共同体——在亚洲文明对话大会开幕式上的主旨演讲[N]. 人民日报(海外版),2019-05-15(3).

开辟中国道路和21世纪马克思主义发展的新境界所具有的特殊意义。面对疫情巨大冲击下的世界与人类未来命运的愈发不确定性,中国共产党人理应勇立潮头,自觉担当起将"批判的武器"和"武器的批判"更好地结合的新时代使命,以进一步"掌握群众",进而变成"物质力量"[1],最终更好地改变世界。这是中国道路和21世纪马克思主义的本质要求,更是中国共产党人当仁不让的历史使命。

---

[1] 中共中央马克思恩格斯列宁斯大林著作编译局.马克思恩格斯选集:第1卷[M].北京:人民出版社,2009:9.

第六章

提升治理效能的科学策略

　　站在"两个一百年"的历史交汇点上,如何更好总结中国共产党治国理政经验,更好开启全面建设社会主义现代化国家新征程?加强国家制度建设、提升治理效能是其中的重要方面。党的十九届四中全会明确提出将国家治理优势转化为治理效能,十九届五中全会明确要求在"十四五"期间"国家治理效能得到新提升"。党的二十大报告把"国家治理体系和治理能力现代化深入推进"作为未来五年我国发展的主要目标任务之一。如何提升国家治理效能?有必要深入探析制度优势转化为治理效能的内在机理。本章提出并尝试探析为什么应当高度重视制度优势转化为治理效能,何为制度优势,何为中国特色社会主义的制度优势,何为治理效能,如何对治理效能加以评价和展示,如何才能更好地将制度优势转化为治理效能,就此向识者讨教。

第一节 制度优势转化为治理效能的内在机理[①]

如何提升国家治理效能？这就必须探析制度优势转化为治理效能的内在机理。这种探讨，本质上就是探讨"中国之制"和"中国之治"的关系，探讨为什么应当和通过什么途径将中国的制度优势转化为治理效能。无论从深化理论探讨的高度还是从推进实践应用的深度来看，搞清制度优势转化为治理效能的内在机理都是非常重要的。

一、为什么应当高度重视制度优势转化为治理效能

党的十八届三中全会首次提出国家治理体系和治理能力现代化问题后，党的十九届四中全会对此再次进行专题研究，明确提出将中国的国家制度优势转化为国家治理效能的问题。为什么要将这个问题提到如此高度，这里有几个非常重要的背景。

首先，这是在当前极为激烈的国际竞争中立于不败之地的需要。当前世界的制度之争已经到了白热化程度，甚至到了可能引发战争的程度。

美国对中国在内的众多国家发起贸易战，破坏全球治理体系，对世界经济稳定发展和世界各国利益构成威胁。为什么？其实是美国在维护自己的霸权地位，全方位遏制美国之外的其他国家特别是中国的发展。对此美国一些政治家已经毫不掩饰地宣扬"中

[①] 本节内容以笔者在河南省社会科学界联合会主办的"中国特色社会主义制度优势与治理效能全国高端学术研讨会"上的发言为基础，杨国斌教授协助整理，由笔者修改定稿。欧阳康.制度优势转化为治理效能的内在机理[J].河南社会科学，2021(7):1-8.(有修改。)

国威胁论",对中国制度直接进行恶意攻击。他们深感中国这样一个大国以社会主义制度屹立于世界,并获得了如此快速的发展,这对于他们的价值体系是一个根本性的挑战。

对此,一方面我们应当予以坚决回击;这从另一方面也可以看作对中国的一种表扬,表明他们意识到当下的中国制度与苏联当年的制度相比是有很多优势的。通过这么多年的健康和快速发展,我们以一种特殊的方式回应了福山所讲的"历史终结论"。历史并没有终结于现代西方资本主义,中国正在成功地走出一条中国特色社会主义现代化道路。正如习近平总书记讲到的,中国道路真的有可能成为世界各国进行道路选择时的一种"替代性"选择。如果说世界上越来越多的国家真的走上了中国式的现代化发展道路,那么对于西方文明来说,这种制度意义上的挑战就会变得更加现实和更加严峻。

所以,西方人讲"文明冲突论""中国威胁论",从根本上看是在讲意识形态冲突,是在讲国家制度的威胁,是在讲中国制度对西方制度体系的一种挑战,这样一种挑战可以说带有根本性。而对于中国来说,我们的国家制度是否优越,要靠治理效能来彰显。

由此可以说,国家之间的竞争,从根本上说是制度的竞争;而国家制度的差异,从根本上说是治理效能的差异。正是在这样的国际背景下,将制度优势转化为治理效能,显得更加突出和紧迫。

其次,疫情凸显了不同国家的制度差异和治理效能差异。衡量不同国家的制度,好与坏、优与劣、高效还是低效,有很多标准,很难一概而论。尤其是在一般和常态情况下,不同的国家各自行进在自己的道路上,更难以区分和比较。当不同的国家面对着同样的突发事件、同样的巨大灾难、同样的严峻考验,从其应对能力及其成效可以看出制度的差异和优劣。新冠疫情的暴发给人类带来巨大灾难,也给各国的制度和治理能力带来巨大考验。

2020年初,武汉暴发疫情,华中科技大学处于疫情中心,我们一方面参加疫情防控,另一方面开展对策研究。作为国家治理研究院院长,笔者于2020年1月28日提出了"疫情防控与公共卫生治理现代化综合研究"重大项目,首批提出了10个研究课题,学校也给予了很大的支持,我们组织了一个跨学科团队,先后有50多位学者参加,开展对策研究,研究成果刊发在笔者主编的《国家治理参考》的"抗击疫情专辑"上。第一篇于2020年1月31日发出,主张开展国际合作抗疫;2月1日提出精准检测、分类隔离;后来随着疫情变化,开展了进一步有针对性的研究,涉及病员救治、社区、封控、家属安置、心理康复、清明祭奠、复学复研、国际疫情等。团队先后写了118篇对策建议稿,被新华社、《光明日报》、《人民日报》等媒体采用,很多直接转化为疫情防控的政策和措施。笔者在2020年2月25日受湖北省疫情防控指挥部聘请,担任疫情防控综合专家组成员、应急管理与城市安全运行专家组组长等,应邀参加中国工程院的课题研究,完成了中宣部的重大委托课题等。

这段对策研究经历帮助笔者深度认识疫情及其影响。在这个过程中,我们主办了一系列重要会议来开展重点问题研讨。2020年4月30日,我们举办了"新冠肺炎疫情和全球格局演变"视频会议,作为主办方我们要回答什么叫"后疫情时代"。在笔者看来,疫情划分这种时代最少有三个角度:第一,它就像一个激发器,以生命安全和身体健康为根本问题,引发生存危机,并把从生理到心理、个体到社会、经济到政治、底层到国家以至全球的很多危机问题都激发出来了,造成了一些国家的政治危机、选举危机、政权危机以至全球危机体系。第二,它就像一个加速器,让几百年、几十年、几年的社会矛盾加速运行,压缩到了短暂的疫情中集中爆发出来,美国由疫情危机引发种族危机,甚至引发反思200多年的殖民史。第三,它就像一个牵引器,一个国家如何处理疫情,依据其价值取向,依托制度性质,展示着治理效能,表达着制度优劣,决定着政党的执政合法性,也影响着未来国家治理的发展方向,影响到一个国家在后疫情时代的发展空间。

疫情暴发时,中国共产党以人民至上、生命至上为核心价值和行动出发点,以举国体制与万众一心相结合,带领全国人民义无反顾开展疫情阻击战,全国一盘棋,动员全社会资源,在极度困难的条件下取得决定性成果,不仅最大限度地保护了人民的生命安全和身体健康,也在疫后迅速恢复经济社会生活,突出彰显了中国特色社会主义制度的优越性。相比之下,一些经济发达、具有发达的医疗卫生条件的国家,暴露出从价值观到制度体系和治理能力的巨大问题。英国政府主张的"群体免疫",造成高比例的病患和死亡率。美国政府应对疫情不力,结果是抗疫失误失职,不仅造成人民生命安全和身体健康的巨大损失,疫情危机还引发经济危机、种族危机、社会危机、政治危机、选举危机、外交危机等。疫情改变了很多国家,改变着地缘政治格局,也正在改变着全球治理的格局。

最后,面向未来国家治理效能显得更加突出和重要。当前我们站在"两个一百年"的历史交汇点上,全面建成小康社会,并开启第二个一百年。如何总结中国共产党带领中国人民奋斗的历史,如何更好地走向未来,国家制度和治理效能问题是其中的重要方面。十九届四中全会对此专门研究,明确提出加速推进国家治理体系和治理能力现代化,提高国家治理效能。

新中国成立以来,我们建立了社会主义制度和国家治理体系;改革开放以来,我们探索中国特色社会主义制度,不断推进国家治理体系和治理能力现代化,这是中国社会快速健康发展的重要制度支撑,也是我们过去的成功经验。面向未来,党的十九大提出、党的二十大再次明确,我们将在2035年基本实现社会主义现代化,其制度条件是基本实现国家治理体系和治理能力现代化;到本世纪中叶,把我国建成富强民主文明和谐美丽的社会主义现代化强国,实现国家治理体系和治理能力现代化,成为综合国力领先的国家。正是在这样的意义上,我们可以看出推进国家制度建设、强化国家制度优势和提升治理效能所具有的特殊意义。

二、何为制度优势

中国的制度优势何来,在何处表现,这是需要我们深度认识的问题。

什么叫制度优势?这可以从不同的角度来探讨。

首先,关于制度优势的普遍原理。按照历史唯物主义的基本原理,生产力决定生产关系,经济基础决定上层建筑,上层建筑对经济基础、生产关系对生产力又有反作用,在这个相互作用的过程中会形成社会系统的一种比较良性的健康的运动。在这种意义上,所谓制度,可以分为生产关系和上层建筑两个层次,所谓制度优势,就是生产关系是否和能否适应生产力发展的要求、是否能够保护和促进其发展,上层建筑是否和能否适应经济基础的要求、是否能够保护和促进其发展。能够顺应、保护、促进生产力和经济基础发展,并能够根据其需要而自我更新的生产关系和上层建筑就是好的、具有优势的制度。

其次,关于制度的比较优势。从另外一种视角来看,制度优势其实是从不同制度之间进行比较的角度来提出的,涉及一个制度与其他制度相比较所具有的优势,也可以称为制度的比较优势。对不同的制度进行比较,肯定是因为历史上和现实中都存在一些不同的制度,不同的制度哪种更好,这是居于不同制度中的政党和人民自然会关注和思考的。人类文明走向未来,并不一定像我们原来想象的就是单一制度,而是可能继续多种制度并存。既然有多种制度并存,就一定会有不同制度之间的比较与竞争,看哪种制度更有优势。资本主义是近代以来人类文明发展的产物,社会主义作为资本主义的对立面而产生,二者成为不同国家之间在思想价值、意识形态和政治制度体系差异方面的两种主要类型,自产生以来便处于比较与竞争之中。对社会主义与资本主义制度进行比较,比较什么?这里既有基于人性的属于人类文明的一些共同价值。比如我们通常讲的自由、民主、平等、公平、正义、博爱、法治等,它们不是单属于西方的,而是人类文明所共有的,它们只是在西方的现代化进程中率先凸显出来了,成为现代化的重要内容,以至于后起国家在实现现代化时也需要学习这些共同价值。西方发达国家由此而获得了优先权和话语权,甚至莫名觉得拥有居高临下的优越感和支配权。不过,资本主义制度的优势也不是永恒不变的。经过一个多世纪的抗争,随着苏联解体、东欧剧变,社会主义阵营遭受挫折,福山在1992年提出了"历史终结论",认为历史已经终结于西方资本主义。但经过从那时以来世界格局的演变,尤其是美国2008年金融危机和中国的快速发展,他曾经承认西方社会走错了方向,并进而认为中国如果能够化解矛盾、顶住压力,并继续快速发展,有可能成为对于"历史终结论"的一种"替代性选择"。

最后,衡量制度优势主要靠什么?靠经济社会发展情况,靠人民的感受。习近平总书记指出:"'鞋子合不合脚,自己穿了才知道'。一个国家的发展道路合不合适,只有这个国家的人民才最有发言权。"[①]一种制度的优势是由这种制度的主体来界定的。美国的制度好不好,要由美国人民说;中国的制度好不好,要由中国人民说。

但是,这里有一个比较复杂的问题,那就是我们的社会实际上已经出现分化。一个社会中有的人拥有很多的财产,有的人可能比较贫困;一个社会中有的人可能有更多的知识和能力,而另外一些人可能就相对而言比较弱势;一些人生活在社会的上层,而更大多数人生活在中层甚至底层。这种分化在西方社会已经达到相当高的程度,在当前中国也存在。

2020年李克强总理在全国"两会"后会见记者时谈到了中国一个比较严峻的现实,我们人均GDP已经过了1万美元,人均年

[①] 习近平.习近平谈治国理政[M].北京:外文出版社,2014:273.

收入是30000元人民币,但实际上还有6亿左右的人,其每月工资在1000元左右。当我们全面建成小康社会的时候,一方面我们讲14亿人一个都不能少,另一方面也要看到这14亿人之间是有差距的。而这种差距是建立在什么基础之上的?每一个人都处在不同的生产方式、不同的交往方式、不同的社会关系中。社会制度的优劣和效能要由大家来评价,这个时候不排除不同的人对其会有不同的看法,不排除会众说纷纭。在这里我们有一个比较常用的办法,那就是看社会大众对一个社会制度认同的比例,看一个社会的成员中大多数人的生活状况,这就是习近平总书记一再强调的关于同心圆的问题——形成最大范围和最大比例的同心圆。

三、何为中国特色社会主义的制度优势

如何评价和说明中国特色社会主义的制度优势,这有很多的方面。从总体上看,制度是一个体系,制度内部包含了很多的方面。例如,中国制度的领导力量、中国共产党的领导,这是中国国家制度体系的最大优势。

习近平总书记曾多次讲过:"党政军民学,东西南北中,党是领导一切的。"① 有了党的领导以后,如何更好发挥政府的作用?如何更好发挥各民主党派的作用?如何更好发挥各种社会组织的作用?如何让全民能够参与国家治理、社会治理?这涉及制度的性质、结构、关系和功能。如何构建一个好的制度,让各种各样的社会组织和各种力量都能够在社会有机体中成为内在的和谐的和积极的要素,而不是其中的妨碍体系生存发展的要素。这对于我们的制度的优越性确实是一个很大的考验。在这样的背景下,我们既有必要也有可能讨论中国制度的优越性问题。

笔者和团队2013年曾经出版了一本专著《中国道路——思想

---

① 习近平.习近平谈治国理政:第3卷[M].北京:外文出版社,2020:16.

前提、价值意蕴与方法论反思》,汇聚了我们当时对于中国问题的思考。过去了这么些年,该书的基本观点仍然是正确的,但也可以进一步更新,因为世界和中国已经发生了很大变化。其中最大的变化就是中国特色社会主义制度优势更加鲜明地凸显出来了,需要我们作出总结和解读,以便更好地加以推进。

中国特色社会主义制度为什么具有优势?这可以说是一个人类文明之谜。什么叫人类文明之谜?就是我们迄今为止在世界上没有看到中国特色社会主义制度的任何现成的完整的原型,但是我们看到了其中很多的内在的丰富的要素,这些要素可以说是人类文明发展进程中生成的重要和积极的要素,它们分散在不同的国家和社会制度中,分别地发挥过积极的作用。

中国共产党人最大的成就就是把所有这些要素都纳入我们这样一个制度体系里面,并让其成为一个新体系的有机组成部分,发挥出积极作用。所以,我们的国家制度不是对任何其他制度的简单照搬,而是既吸收了其积极的因素,又构成了新的制度体系,因此展示出其所特有的优越性。这里有非常丰富的内容。

中国国家制度是以现代化作为自己的价值目标体系的。现代化是近代以来人类文明最重要的进步。新中国成立以后,尤其是改革开放以来,我们以前所未有的热情追求现代化,用较短的时间走过了西方发达国家近代以来的现代化历程,取得了巨大进步。那么到底什么是现代化?笔者当年曾经研究"文化的围城"和"现代化的围城",发现现代化并不是我们想象的那么简单。1954年第一届全国人民代表大会首次提出的中国社会主义建设的宏伟目标是工业、农业、科技、国防的"四个现代化",党的十八届三中全会首次提出国家治理体系和治理能力现代化。当时笔者尝试用"六化"来概括西方现代化的特点,即理性化、工业化、市场化、都市化、民主化和法治化,它们是西方近代以来经过无数的探索和变革而最终形成的核心价值,构成了西方现代文明的核心要素。通过改革开放和社会主义现代化建设,我们把这些要素都引进中国,但是我们又不是简单地原样照搬，我们把它们与中国的社会主义结合起来，构成了新的中国特色社会主义现代化。这不仅在中国的历史上没有过，在社会主义的历史上没有过，在现代化的历史上也没有过，是当代人类文明的重大变革与创新。

我们的社会主义也不是传统的社会主义，而是中国特色社会主义。笔者曾经去过古巴、越南和朝鲜，也去过俄罗斯，以及统一以后的德国，还有罗马尼亚等曾经的社会主义国家，专门对它们进行分析，同时开展比较研究。

笔者发现中国特色社会主义能够真实地反映和顺应人类文明，尤其是社会主义从空想到科学发展中展示的一种内在的、积极的和建设性的发展趋势，走上人类文明发展道路。传统社会主义有一个最大的问题，就是以一种二律背反的方式或者叫两极对立的思维方式看待资本主义和社会主义，凡是资本主义有的它就反对、批判、打倒，完全站在资本主义的对立面。

邓小平同志为坚持和发展中国特色社会主义确定了基本思路和基本原则，他指导我们党作出改革开放的决策是非常大的一个贡献，也正因如此，我们几乎把西方现代化发展中有利于经济社会发展的东西都引入中国，保留了下来，并将其与社会主义和中华优秀传统文化内在结合起来，构成了中国特色社会主义现代化道路。

第一，我们的所有制，由单一公有制转变为以公有制为主体、多种所有制形式并存，共同推动中国经济既能保持总体稳定又能获得广泛活力，实现快速发展。传统社会主义主张单一公有制，中国经过改革开放，保留了公有制及其主体地位，却又向多种所有制开放，外资、合资、独资、个体等，还有各种形式和比例的混合所有制，构建起也许是全世界最复杂的所有制形式，展示出多方面的特色和优势。

依托强大的公有制，而且以其作为社会主义制度的压舱石，可以保持经济社会发展的强大稳定性。尤其是在集中力量办大事和集中力量应对突发事件方面，展示出公有制经济的可靠性和强大力量。2020年中国和世界遭遇疫情,中国的公有制经济支撑了疫情阻击战的新型举国体制,公立医院、国有企业、党政机关事业单位成为抗疫的主战场、主阵地。

与此同时,我们又并不仅仅是公立公有的,我们还有各种形式的外资、合资、民营、个体企业,它们让中国经济更加丰富多彩,带来了极大活力,这是中国经济制度优势的基础性方面。

第二,我们的分配方式由原来的单一按劳分配转向以按劳分配为主、多种分配方式并存。分配方式是依托于所有制形式并为其服务的,对于保障社会公平正义具有非常重要的作用。单一按劳分配仅仅关注生产过程中的劳动要素,带有低水平意义上"大锅饭"的特色,不利于调动复杂生产过程中各方面的积极性。改革开放以后实行以按劳分配为主、多种分配方式并存,让资本、知识、技术、管理与劳动等多种因素都更好参与生产体系,也参与成果分配,最大限度激发各方面积极性,促进经济社会发展。

第三,我们的经济运行体系由单一的计划经济转向社会主义市场经济。新中国成立之初,我们学习苏联,搞"一大二公"、单一计划经济,各种资源高度集中,难以促进经济快速发展。改革开放以后,经过有计划商品经济到发展社会主义市场经济,这是党的十四大的最重要举措。市场在中国经济发展中的作用,由最初的辅助性作用逐渐变成基础性作用,进而提升到决定性作用。

但我们的市场并不是西方式的纯粹的自由市场,我们并没有放弃政府对于经济社会发展的宏观合理调控作用,我们每五年做一个五年规(计)划,通过多种形式对市场进行严格监管,创造开放、公平、合理、透明的营商环境,保障市场主体权益,同时对于关涉国计民生的核心领域仍然通过公有制经济而由政府发挥主导作用,其结果就是创造了"经济快速发展"和"社会长期稳定"这两个世所罕见的奇迹。

中国特色社会主义的制度优势是综合性优势,不仅有其经济方面的优势,还有其政治、社会、文化和生态方面的优势。例如,就文化方面而言,我们将中国特色社会主义国家制度与中国优秀传统文化结合起来,使其获得了更加深厚的中国传统文化根基,但我们又不是传统文化的简单翻版,而是将中国传统文化纳入中国特色社会主义文化建设道路,并推进其时代化,促进其创造性转化和创新性发展。把古今中外内在结合起来,才能让中国特色社会主义变得更加丰富多彩,富于生机与活力。

四、何为治理效能,如何对治理效能加以评价和展示

十九届四中全会提出发挥制度优势和提升治理效能以后,华中科技大学国家治理研究院一直在关注,华北水利水电大学杨国斌老师就相关主题对笔者有过一个专访,发表在《马克思主义理论学科》杂志上。国家治理效能,就是关于善治的问题,这也是笔者一直关注的。华中科技大学国家治理研究院每年举办一次国际学术会,叫"全球治理·东湖论坛",专门讨论国家间的界限与跨文化的研究问题等,实际上是比较全球各种治理模式的优劣良莠。

什么叫善治?这可以从各种角度来探讨。从学理角度看,就是治理的效能。

一个国家治理体系好与不好,要看它在什么状态下发挥了积极作用、对谁发挥了积极作用、有多少人享受它的积极作用、在多长时间里享受到积极作用。而且这里的积极作用,笔者以为应当分为两种形态:一种叫常态,另一种叫异态。

所谓常态就是在正常的情况下,一个社会按照自己的内在的逻辑不断演进,在稳定中快速发展,又在发展中造成了社会的新的更高水平的稳态。

从中国发展来看,就是党中央总结的"两个奇迹"——经济快速发展和社会长期稳定,这"两个奇迹"同步发生,其实是非常罕见的。一般来讲,一个国家的制度,要么是保障社会稳定,长期稳定以后就很难有足够的活力,很难促进经济长期快速发展;要么推动

经济快速发展,但也可能慌不择路,一不留神就走错路,甚至出现经济停滞、倒退乃至危机。

这些年来,我们先后看到现代化发展的西欧模式、北美模式、苏东模式、东亚模式、拉美模式,都曾经有过自己的辉煌,但都出现了问题,跌下了神坛,发生了各种形式的危机。

善治不仅表现在经济社会发展的常态上,更应当表现在社会发展的异态中的应急管理和组织能力上。

所谓异态,就是社会面临严重危机与挑战,不管是天灾还是人祸。异态不常出现,一旦出现就会对国家和社会治理体系与社会治理能力构成严峻挑战。例如,美国作为世界上最发达的国家,曾经遇到过"9·11"恐怖袭击,也遇到过2008年金融危机,应该说过去应对得还算不错。但当疫情袭来时,国际媒体批评美国应对疫情不力,美国政府由于处理疫情危机失职失误,由疫情危机引发经济危机、种族危机、政治危机、外交危机等,暴露出国家制度和治理体系的问题和不足。而中国共产党人带领中国人民义无反顾开展疫情阻击战,取得了积极成效,也彰显了中国特色社会主义的国家制度优势和治理效能。

总结抗疫中取得的积极成效和国家治理优势,家国合一或者叫家国情怀是重要的支撑。当时我们每一个人先保证自己安全就是在参与全国抗疫。大家能想象这一个体性行为所具有的全国性意义,保证了自己的安全,保证了家庭的安全,然后保证街道的安全,保证社区的安全,保证城市的安全。当时《光明日报》约笔者撰文总结武汉抗疫取得的积极成效时,笔者说其实武汉的抗疫成效,就在于疫情防控阵地战、阻击战中的坚守和不懈怠,我们把病毒从一个个家庭中、从一条条街道中、从一个个社区中、从一个个城市中赶出去,最后我们就取得了全国性疫情防控阻击战的决定性成果,让中国成为世界上公认的最安全的国家之一。这样个体的命运与国家的命运内在结合了!而这一点恰恰是西方国家难以做到的,许多国家相当多的人都不愿意约束自己。

在"家国合一"的背后是举国体制与万众一心相结合。一个好的制度,它的最大优势就是得到最大多数人以至所有人的拥护,大家都能够各居其位、各司其职、各尽其能、各得其所,而社会总体则是既有经济快速发展,也能保持社会长期稳定。在武汉乃至湖北最危急的时候,从中央到地方形成一盘棋,全国各省(自治区、直辖市)全力支持,党政军民学、东西南北中,在党的领导下形成有机整体,带领14亿人形成社区共同体、抗疫共同体、生命健康共同体,展示出磅礴伟力。从制度学的角度来看,真正好的制度叫大道无形,看不到制度的存在,却能让社会大众都按照一个模式去运行。

在这样的情况下才能最大限度地保障人民的生活幸福。中国共产党"不忘初心、牢记使命",其初心和使命就是为中国人民谋幸福,为中华民族谋复兴。疫情进一步告诉我们,人民生活幸福还有两个前提:一个是生命安全,一个是身体健康。本次疫情让我们对人的理解更加全面了。人民至上、生命至上,这里的人是所有人,尤其是老弱病残,这是疫情防控促进人类文明和社会进步的体现。

五、如何才能更好地将制度优势转化为治理效能

应当通过何种途径和何种机制将制度优势更好地转化为治理效能,这是国家治理问题研究的核心,也是难题。这个问题往往是说起来容易,做起来很难,要有效能则更难了。为什么难?因为制度不会自己去运行,制度还是要通过人去运行,所以我们的各级领导干部、我们所有人,是否对这个制度有足够的认同,这是能否转化和转化程度的最核心的东西。也就是说,评价一个制度是否优越,要看其是否能够得到最大多数人的自觉认知、认同、践行并且让其从中得到享受。如何更好地将制度优势转化为治理效能,有五个方面特别重要。

第一,治理的理念一定要时代化。中国共产党治国理政,既要解决好现实中各种具体的矛盾与问题,又要能够考虑为人类对更

好制度的探索提供中国方案。什么是更好的国家治理？这需要有世界视野和国际比较，这就是顺应和引领人类文明发展方向。对于人类社会的发展阶段，原来我们认为是从原始社会、奴隶社会、封建社会、资本主义到社会主义，是一个单线式发展历程，现在看来并不一定是这样，在当下和今后较长时期，可能都是多种国家制度并存。有并存就会有比较，比较哪种制度更符合人类文明发展方向，更具有代表性。改革开放以来，我们努力学习西方，同时发掘中华优秀传统文化，推进马克思主义中国化，现在已经由跟跑到了同行，未来在很大程度上要领跑，独立开拓中国特色社会主义现代化道路。而这样一种开拓所肩负的国家和国际责任都非常重大。中国能不能够走好，不仅涉及中国人的命运，还涉及世界的命运。所以我们不仅要承担中国责任，也要有世界责任，要推进人类命运共同体构建，引领人类文明走向更加健康的方向。

第二，治理的目标一定要合理化。一个国家的发展和治理目标要有超前性，以便引领社会发展。同时，发展和治理目标又不能滞后，滞后了就没有意义，但治理目标又不能过度超前，失去现实基础和可操作性，变成空想或幻想。中国的发展目标从全面建设小康社会到全面建成小康社会，一字之差，用了20年的时间。现在谋划了"十四五"规划和2035年远景目标，全面建设社会主义现代化国家，到本世纪中叶全面建成社会主义现代化强国，这都具有非常重要的引领意义。

第三，治理的体系一定要科学化。我们的国家制度同时就是治理体系，从新中国成立起就建立了根本制度、基本制度和重要制度这样一个国家治理体系。其中根本制度包括中国共产党的领导、马克思主义的指导思想、社会主义制度、人民代表大会制度，这些都是不能变的，一定要坚定不移地坚持，同时努力在实践中加以完善；基本制度则有必要根据形势的变化及时加以改进和更新，本节前面分析了我国在基本经济制度方面的坚守与改革创新，而重要制度则处于不断调整改革和完善的过程之中。党的十九大以来，我们对党和国家机构做了革命性重塑，在抗疫中也对应急管理和城市安全运行体制做了很大的调整甚至重构。

第四，治理的手段一定要智能化。信息化时代的国家治理一定要运用高科技的手段和方法，走上智能化的道路。新时代国家治理面对着复杂的世界局势和中国国情，需要探析复杂性国际国内情景中的社会发展趋势和人心所向，应当能够自觉运用大数据的信息采集和处理系统，进行精细化的信息处理以便支持智能化的决策。大数据为国家治理提供了更加周全的数据、更加广阔的视域、更加深入的触角、更加智能的工具、更加有效的方法。笔者主持国家社会科学基金的重大项目"大数据驱动地方治理现代化综合研究"，国家治理研究院成立了"大数据、智能决策与国家治理现代化工作坊"，招收了来自光电和软件工程等专业的博士生，希望能够在国家治理的智能化理论研究和实践应用方面有所作为。

第五，治理的功能一定要实效化。实事求是是马克思主义的基本原则，善治是国家治理的根本目标，其实效表现在国家的长治久安、经济的快速发展、社会的稳定和谐、人民的幸福生活、民族的伟大复兴等方面。要重视国家治理的成本和代价，反对各种形式的形式主义、官僚主义，防止走形式、搞花架子，强化国家治理的效能。

第二节 发挥人民政协制度优势 提升中国国家治理效能[①]

习近平总书记在"不忘初心、牢记使命"主题教育工作会议上强调："为民服务解难题，重点是教育引导广大党员干部坚守人民

---

① 欧阳康.发挥人民政协制度优势 提升中国国家治理效能[J].中国政协理论研究，2020(2)：52-55.

立场,树立以人民为中心的发展理念,增进同人民群众的感情,自觉同人民想在一起、干在一起,着力解决群众的操心事、烦心事,以为民谋利、为民尽责的实际成效取信于民。""为民服务解难题"是这次"不忘初心、牢记使命"主题教育的具体目标之一,也是主题教育的基本落脚点所在。

能否做到"为民服务解难题",是各级党组织工作能力、战斗能力的一个重要表征。我们不仅要把"为民服务解难题"提到理想信仰、价值追求的思想高度,还要把它落在实处、细处,把一项项具体工作做好,让人民满意。

"为民服务解难题"就是坚持问题导向,让理念、政策、实施方案、方式方法等,都围绕人的合理诉求实现、问题的有效解决去运转。

一、"为民服务解难题"与其他目标密不可分

从思想境界的角度看,中国共产党人的初心和使命,就是为中国人民谋幸福,为中华民族谋复兴。"不忘初心、牢记使命"必须落脚到为百姓解难题上。只有通过真心实意地、更好地为群众解决难题,才能把初心和使命落到实处。可以说,是否做到了"为民服务解难题",直接标志着广大党员干部在这次主题教育中理论学习是否有收获,思想政治是否受到洗礼。

从党的性质来看,"为民服务解难题"是中国共产党人的优良传统、重要使命。履行好这一使命,是我们党的执政合法性在新时代的证明和确认。我们党的根本宗旨也好,我们的制度优越性也好,党和国家对每一个人的关心和爱护也好,都要通过老百姓在日常生活中去感受、体会和确认。

从干部自身来看,"为民服务解难题",既是一种政治使命,也是一种价值体现。党员干部勇于担当,担当的重要途径就是要"为民服务解难题",真心实意解决老百姓所急、所思、所盼的问题。作

为党员,尤其是党员干部,一个共同的价值追求就是勇于和善于去为人民服务。"为民服务解难题",这个"难题"的范围是比较宽广的,指的既是党的难题、国家的难题、民族的难题,也是人民的难题,它是一个一体的问题,也是由一个个具体问题组成的。党员干部要做的,就是认真履行职责,从解决一个个具体问题着手,让人民群众看到"为民服务解难题"的真心实意。

从品格修养上看,党员干部是不是做到了"清正廉洁作表率",也需要在"为民服务解难题"的具体工作实践中去体现。因此,此次主题教育中,"为民服务解难题"这一具体目标,与其他四个目标之间是一个相互联系、密不可分的关系。

二、"为民服务解难题"难在解决深层次问题

党的十九大报告就已明确指出,我国社会主要矛盾已经转化为人民日益增长的美好生活需要和不平衡不充分的发展之间的矛盾。认真分析这个主要矛盾,我们会发现:第一,人民对美好生活的向往在不断增加,人民的要求变得越来越多样、越来越广泛、越来越深入了。它既是一个数量的扩展,也是一种层次的提升。人们的要求更加多样化了,这对我们党的执政能力是一个考验。第二,发展不充分的问题比较突出,人们的需求在不断增加,不断扩展,不断提升,而在一些地方,我们的社会供给服务跟不上这样一种多样化、多层次的需求,因此矛盾就会变得比较突出。"为民服务解难题","难题"难在哪里?第一,改革开放 40 多年,我们总体上遵循的是由易到难,由局部到全局,由一些行业到社会总体的改革发展布局。因为是先易后难、先急后缓,那么能做的先做,深层次难题就积累下来了。经过 40 多年的改革发展,我们一方面取得了巨大的成就,另一方面也面临难啃的硬骨头。改革进入深水区,我们会发现经济社会发展中的矛盾和问题不少,人民群众遇到的待解决的深层次问题很多,这是历史给我们留下的必答题。第

二、当今国际形势风云变幻，面临百年未有之大变局，中国在变化，世界也在变化，国内外变化的叠加，一方面给我们提供了很多机遇，另一方面也提出了很多新的挑战。

在"两个一百年"奋斗目标的历史交汇期，2020年是全面建成小康社会的决胜之年。有14亿人口的中国全面建成"不落一人"的小康社会，这在人类历史上是前无古人的壮举。这一特殊使命对于全体党员干部来说，可谓生逢其时，这呼唤广大党员干部为民服务、有所作为。

正如习近平总书记强调的，全面建成小康社会，不是一个"数字游戏"或"速度游戏"，而是一个实实在在的目标。人民群众关心的问题是什么？是食品安全不安全、暖气热不热、雾霾能不能少一点、河湖能不能清一点、养老服务顺心不顺心、能不能租得起或买得起住房，等等。在主题教育中，瞄准这些人民群众普遍关心的突出问题，一个一个解决，才能不断增强人民群众的获得感、幸福感、安全感。

三、发扬共产党人的自我革命精神

我们党作为百年大党，如何永葆先进性和纯洁性、永葆青春活力，如何永远得到人民拥护和支持，如何实现长期执政，这是我们必须回答好、解决好的根本性问题。习近平总书记要求全党同志不忘初心、牢记使命，就是提醒全党同志，党的初心和使命是党的性质宗旨、理想信念、奋斗目标的集中体现，越是长期执政，越不能丢掉马克思主义政党的本色，越不能忘记党的初心使命，越不能丧失自我革命精神。

要认识到，中国共产党没有人民利益外的特殊利益，全心全意为人民服务是党的根本宗旨，我们必须把人民的利益放在心中最高的位置。此次主题教育就是这一根本宗旨的强化和体现。要认识到，人民立场是中国共产党的根本政治立场，是马克思主义政党区别于其他政党的显著标志。为人民服务也体现着中国共产党区别于其他政党的鲜明特征。现在世界上很多政党的党派利益超出了人民的利益,各个党派之间为了争夺权力乱象频出。中国共产党的纯粹性就体现在全心全意为人民服务上,就体现在真心实意"为民服务解难题"上。

这一次主题教育在很大程度上需要广大党员干部提升自我认识。作为中国共产党人的自我意识,就是从党员的高度,从党的先进性、纯洁性、战斗力的高度来认识、评价、批判、构建自我,明白自己在党的组织机构中的职责,解决自身存在的问题,解决群众面临的难题,努力达到共产党员的要求。

四、"为民服务解难题"背后是亲民敬民

全心全意为人民服务是中国共产党的根本宗旨。"为民服务解难题",首先要警惕少数党员干部想当然地用自己的感受代替人民的感受,导致人民群众的获得感与领导干部的"成绩单"脱节,以致脱离群众,甚至走到群众利益的对立面。这就需要加强调查研究,坚持问题导向,准确把握群众的实际需要,解决他们的实际困难,把事情做到群众心坎上。

要勇于和善于应对社会分化对社会治理提出的挑战。习近平总书记指出:"人民群众的需要呈现多样化多层次多方面的特点。"当前中国社会这一突出特点,对国家治理提出了很高的要求,也带来很大的挑战。就社会治理而论,一方面要看到,人民实际上是亿万百姓的集合。"为人民服务"就是要为每一个群众、每一个群体服务。另一方面也应看到,人民是由各种各样的群体构成的,不同群体的利益、诉求往往不同。社会治理面临的这种复杂情况,与中国经济社会所有制的变化、生产方式的变化、交往方式的变化、生活方式的变化等都密切相关。在这样的背景下,"为民服务解难题"就是坚持问题导向,让理念、政策、实施方案、方式方法等,都围绕人的合理诉求实现、问题的有效解决去运转。

要全力打造共建共治共享的社会治理格局。当代中国社会治理体系的最大特点和最大优势,是在中国共产党领导下不断完善社会多元主体共建共治共享体系。"为民服务解难题"就是要从满足最广大人民群众不断增长的美好生活需要的高度,加强社会治理制度建设,完善党委领导、政府负责、社会协同、公众参与、法治保障的社会治理体制,提高社会治理社会化、法治化、智能化、专业化水平。从治理目标的层次看,在底线上要确保社会稳定和人民安全,在中端要确保社会良好秩序和健康运行,在高端要提升社会公平正义,确保人民幸福安康。

为民、惠民的行动背后,是亲民、敬民的理念与情怀。正是因为秉持"人民对美好生活的向往,就是我们的奋斗目标",正是因为相信"人民是历史的创造者,是真正的英雄",正是因为选择"与人民心心相印、与人民同甘共苦、与人民团结奋斗",我们党才凝聚起了亿万人民的力量,在新时代的逐梦征程上一往无前。保持初心、实践初心,不是一时一事一朝一夕,必须勤拂拭、常锤炼,一生如斯,永远如斯。

人民是我们党执政的最大底气,是我们强党兴国的根本所在。我们党来自人民、植根人民、服务人民。在主题教育中,朝着"为民服务解难题"的具体目标,把成效体现在为民谋利、为民尽责上,我们就一定能实现好、维护好、发展好最广大人民根本利益,让人民群众感受到中国共产党人百年不渝、矢志不移的初心和使命。

第三节 城市治理应当成为国家治理的标杆

城市治理应当成为国家治理的标杆,这是从国家治理体系整体建构视角对城市治理的一个科学定位。城市治理是国家治理最重要基础之一,也是实施国家治理的具体单位。国家治理的先进理念、科学政策和合理措施都应当来自城市并在城市治理中得到有效实施和实现。城市发展引领社会文明进步，城市治理也应当引领国家治理的发展方向。武汉入列中国的超大城市，要建成中国的国家中心城市，应当以城市治理体系和治理能力的优先现代化为其提供科学的制度体系和能力保障。

城市治理的根本目标是谋求善治。而对于今天的中国而言，善治面临的最大挑战是价值多元化。当前中国的价值体系可以说是全世界所有国家中价值最为多元化的，大城市的价值多元化是中国价值多元化最集中的地方。处于不同价值定位的人们对于何为善治会有不同甚至背反的理解，要求我们的国家治理和城市治理恰当地应对多元价值问题。首先要分析当前的"元"哪些是合理的、哪些是不合理的，各种"元"应当分别在社会生活中占多大比例，哪些"元"是哪些阶层在代表，这些阶层有哪些诉求，不同的诉求之间有哪些内在的矛盾和冲突，这些矛盾和冲突会给中国社会带来什么样的问题；然后在这个基础上建立科学合理的国家和城市治理体系。

智慧城市建设是中国城市治理的重要基础和发展方向。高度现代化条件下的城市治理需要自觉运用现代科技和信息网络系统，以便最大限度地汇聚智慧，实现智慧治理。武汉这样的超大城市要率先抓好交通、管网、物流等硬件设施，尤其要抓好信息化、网络化、智慧化的软件建设，促进智慧城市建设的率先发展。

精神家园建设是城市治理的核心。真正的善治是民众对社会的积极认同，有诚信有关爱有责任。城市治理应当创造出好的体制机制，消除领导者与民众之间的距离，通过法治保障人民群众当家作主，让各个阶层各种人群都能各居其位、各司其职、各尽其能、各得其所，实现多元主体的最大共识，保障多元共治的最佳效果，建设各种人群共有的精神家园，强化推动中华民族伟大复兴的精神力量。

第四节　智库使命与咨政智慧的多维思考[①]

新时代有效提升治国理政水平,推进国家治理体系和治理能力现代化,重要前提是深刻认识社会文明进步所具有的复杂性特征,更好地发挥智库作用、履行智库使命、提升咨政智慧。

一、深刻认识社会文明进步的复杂性本质

根据历史唯物主义的基本原理,人类文明的存在和演化是一个进步的过程。伴随着进步,社会风险也会呈几何级数地增加。社会文明进步有很多的表现和标志,对其复杂性也可以从不同方面来探讨。

就其数量化特征而言,社会进步表现为社会产品和社会财富越来越多,社会体量和社会规模越来越大,社会分支和社会层次越来越细等;就其结构性特征而言,社会进步表现为社会关系和社会结构越来越复杂,社会要素和社会构件之间越来越相互依赖等;就其时间性特征而言,社会进步表现为社会发展和社会速度越来越快,社会运行节奏越来越紧凑等;就其功能性特征而言,社会进步表现为社会效益越来越高,社会功能越来越强等;就其可控性特征而言,社会进步表现为社会的因果关系变得越来越模糊,社会的不确定性变得越来越大,社会风险也变得越来越大等。

在现代化和经济全球化背景下,社会复杂性会在全球范围内更加突出地表现出来,并得到扩展与放大。

---

① 欧阳康.社会复杂性、智库使命与咨政智慧——新时代国家治理现代化与智库建设的多维思考[J].决策探索(上),2019(11):64-66.

例如,原来只在生产者、消费者之间通过直接商贸中介所发生的点对点的线性供求经济关系,现在需要借助于国际商贸体系、国际金融体系、国际信息体系、国际物流体系等整个有机网络系统才能实际展开,在空间上受到商家关系、地区关系、国家关系和国际关系等的直接或者间接影响,在内容上则与经济、政治、社会、文化、生态等问题内在交织起来,构成了极度复杂的国际关系体系。

又如,在社会发展进程中,原来那种"种瓜得瓜、种豆得豆"的线性因果关系几乎被消解了,一因多果、一果多因、互为因果,各种力量在博弈中形成"力的平行四边形",非线性因果关系成为社会生产和社会生活的普遍现象。

再如,随着社会有机性的增加,社会风险也越来越大。有机系统最大的特点就是它有各种各样的要素,通过一定的关系,形成一定的结构,进入一定的运行状态,进而产生一定的功能。随着社会有机性的增加,对所有的要素、关系、结构和运行状态都提出了很高的要求。整个体系中的任何要素、关系、结构,运行中的任何问题都可能导致整体的破坏、系统的崩溃,产生出广泛而又深刻的多米诺骨牌效应和蝴蝶效应等。

从全球治理和国家治理的角度来看复杂性问题,最突出的现象是智慧的博弈。由于利益的分化,各方力量都在博弈,最后谁都没有实现自己的目标,但是每一种力量都对最终的结果产生了影响。

二、准确把握新时代中国智库使命

在国际国内面对的复杂性挑战面前,民族复兴呼唤新时代智库勇担使命。智库的根本职责是开展决策支持,促进决策的科学化、合理化、及时化和智能化,通过自觉努力推进国家治理现代化。

推进决策认知科学化。科学的决策支持首先应该是一种高度规范的科学认知行为,要对所有的前置条件、现实状况和可选方案作出尽可能全面、客观、周到和准确的认识。

科学认识首先是高度清晰的历史认识,要善于发现历史的逻辑和内在规律,善于吸收历史的经验,汲取历史的教训,并将其转化为人类认知财富。科学的认识同时是时代意识,要能够看出时代精神及其进化,善于捕捉时代机遇,洞悉时代挑战。

科学的认识更是自我认识,要善于确立自觉的主体性,找准自我在发展中的地位,认清使命,提升境界。大数据时代的决策支持应自觉运用丰厚的数据资源,并读懂大数据所揭示的社会内涵、社会矛盾和发展趋势,善于发现问题,探索解决问题的契机和途径。

推进决策选择合理化。决策意味着在多种可能方案中作出比较和选择,从根本上说是一种价值选择。合理的决策支持,意味着帮助决策者在多种可能中探寻必要而又可能的最佳选择。对于合理的价值选择的最大挑战是社会价值多元化、群体利益多样化。

应当看到,对世界上的多种现代化模式,中国都有所借鉴,但并不是对其中任何一种模式简单照搬,而是立足于中国历史和现实,进行深度传承与创造。

从所有制的方式来看,公有、私有、民营、外资、合资、独资,我们以公有制经济为主体,多种所有制经济共同发展。中国社会经济体系的多样化容易导致财产多样、利益主体多样和声音多样,对于国家治理和决策选择也是一个很大的挑战。在这样的背景下,决策支持的重要使命是帮助决策者更好地识别社会价值,并引领社会价值体系健康发展。要通过大数据对社会价值状态作出定性、定量和定时的分析,帮助决策建立在科学的基础上,以构建和完善国家治理体系。

推进决策实施及时化。社会发展不可逆、不可重复,因此,在社会发展过程中存在着时机或窗口期。

从过程角度看,决策是面向未来社会的,因此,决策也可被看作一种时间投入。时间资本是最重要的资本。科学合理的决策就是要善于把握未来的时间和时机,制定出未来一定时期的流动性、阶段性、系列性的运作程序。

从时间和过程的角度来看决策支持,最重要的就是能看出"大势所趋"和"人心所向",寻找出代表未来的萌芽,并使其构成未来发展的阶梯。

推动决策方式智能化。在存在决策博弈的背景下,智慧彼此消解和损害,造成智慧耗费甚至是浪费。如何更好地超越人类智慧的"巴比伦塔",应尽可能借助现代科学技术,尤其是大数据和人工智能,推动决策咨询理念的时代化、决策咨询目标的合理化、决策咨询体系的科学化、决策咨询方式的智能化、决策咨询功能的实效化。

三、努力提升智库专家咨政智慧

做好智库工作,要站在社会文明进步的前沿,做到"顶天""立地""有中气",提升咨政智慧。

能够"顶天"。所谓"顶天",就是要有崇高的思想境界,心中有大局,眼中有人民。做智库不能谋私利,而是要服从于人类文明、中国发展、民族进步、体系建设。为中国人民谋幸福,为中华民族谋复兴,是中国共产党人的初心和使命,也应该是所有智库专家的初心和使命。

智库专家应该有突出的自我定位和价值要求,出谋献策时,不是考虑决策者想听什么,而是考虑决策者该听什么,尽力提供最为科学合理可靠的咨询建议;同时也不只考虑群众想听什么,而是考虑群众该听什么,努力引导群众情绪和社会思潮走向正确方向。

在当前背景下,我们尤其要认真做好三件事:第一,认清世界,读懂中国,从全球治理变局中看中国使命,同时确保中国始终行进在人类文明的发展大道上,善于自觉把握国际国内两个大局。第二,认清现实,把握未来。世界和中国的现实与未来之间是有差距的,需要深度把握现实中存在的社会问题与社会矛盾,探寻其解决的可能路径,清晰地指出从现实走向未来的真实通道。第三,立足学科,超越学科。中国当前的学科体系高度分化,造成了知识结构单一化和认知能力的片面化。

从学术角度看,强化学科意识也许有助于开展专深研究,但从决策咨询和对策研究来看则会导致一定程度的缺失。智库所面临的所有现实问题都是高度综合的,对于当代世界和中国极度复杂问题的研究,绝不是任何单一学科可以单独完成的,需要多学科的合作与整合,必须既能立足于学科,又能超越单一学科,实现以问题为中心的综合性把握。

从思想境界上来看,要能够"顶住天"。咨政境界如何,其实依托的是人生境界,中华优秀传统文化所主张的"立德""立功""立言",对于当前中国智库努力提升境界追求,仍然具有重要的启发意义和引领作用。

能够"立地"。所谓"立地"就是脚踏现实,脚下有大地,手中有数据。对于世界的学术研究可以有多种解释,但对于世界的合理改变方式只能是科学的,决策咨询是服务于改变世界的,因此,只有科学地解释世界,才能指引合理地改变世界。为此,科学合理的决策咨询必须切实立足现实生产和现实生活。

当前我们所说的"立地",就是要立足于人民对美好生活的向往,立足于中华民族伟大复兴的历史进程,立足于人类文明的发展大道,不仅能够顺应也能引领中国和人类文明的发展方向。多年来我们党着力反对官僚主义、形式主义等不良作风,需要我们的干部用心地去研究和体会实际,尤其是注重加强对于中国社会现实各种情况的量化把握,切忌大而化之,造成思想与现实的脱离,甚至出现隔离与背反。

正是在这种意义上,习近平总书记反复强调"以人民为中心",要求我们的干部把人民放在心中最高位置,同时真正立足现实大地,量化把握"大势所趋"和"人心所向"。

能够"有中气"。所谓"有中气"就是手里有"撒手锏",有"硬功夫",有"金刚钻",真正做好对策和咨政研究。党的十八大以来,党中央不仅提出了国家治理体系现代化的总目标,也提出了治理能力现代化的具体要求。对于智库来说,就是要实现咨政能力现代化。决策咨询最忌人云亦云,而是应当有独到见解,为此,不同智库要锻造自己的"看家本领""独特优势",才能做到"有中气"。

所谓"有中气",就是能拿出决策者看得见但不一定能够想得到的对策和建议,能说出群众感受得到但是不一定能够说出来的思想与建议,而且能够通过政策的产生和孕育发挥作用,拥有全程跟踪的能力,这样才能真正站在高处,持续地研究下去。

四、以大数据推进国家治理现代化

习近平总书记指出:"要运用大数据提升国家治理现代化水平。要建立健全大数据辅助科学决策和社会治理的机制,推进政府管理和社会治理模式创新,实现政府决策科学化、社会治理精准化、公共服务高效化。"国家治理现代化意味着什么?在笔者看来,国家治理现代化至少包含以下四个层面:一是国家治理理念的时代化,二是国家治理目标的合理化,三是国家治理体系的科学化,四是国家治理方式的智能化。大数据给国家治理现代化带来了机遇和挑战。

第一,大数据助力国家治理理念的时代化。大数据提供了把握这个时代的一种新的可能性。过去人们对时代的认识主要是通过我们的眼耳鼻舌身进行观察,随着社会的进化与发展,社会的复杂性和有机性不断增强,相比之下,人们所能直接观察和思考的世界变得更加局部和有限,尤其是随着现代社会的价值分化,人们对社会复杂性的认识还受到自身价值定位的约束。

相应地,人们对时代精神的认知和感悟也会受到人的认识能力局限性的影响和制约。大数据给我们提供了一种可能性,即在不改变现实世界存在状态的前提下,把这个时代以数据化的方式尽可能全面地展示出来，使得人类对自然、社会，尤其是对人类自身及其价值取向有着更为全面深刻的把握，形成与大数据相关联的世界观、价值观、社会观、文化观等，从而更加真切和清晰地懂得"大势所趋"和"人心所向"，并据此来拓展和更新我们的治理理念。

第二，大数据促进国家治理目标的合理化。治理目标的合理化引领着治理现代化的正确方向。从宏观角度来看，治理现代化的合理目标叫作善治。善治是一种价值判断，在一个高度多元化多样化的社会进程中，其标准也会有所不同。

中国共产党人的初心和使命就是为人民谋幸福、为民族谋复兴，人民对美好生活的向往就是我们的奋斗目标，这是当前中国共产党治国理政的根本目标，也是当代中国最大的善治。要实现这样的目标，就需要深入研究人民对美好生活的向往有哪些具体领域、具体方面、具体内容、具体要求等，这都不是靠经验的方式可以全面把握的，需要大数据的辅助和支持。

大数据给了我们一个可能性，那就是让我们能够以量化的方式来把握社会人群、阶层、阶级、政党的价值取向，能够以量化的方式看到它们在社会生活中各自所占的比例及其变化，能够以前瞻的方式来看它们存在的合理性与非合理性，并在此基础上作出恰当的选择，强化国家治理的善治取向。

第三，大数据促进国家治理体系的科学化。治理体系的科学化是强化国家治理体系的客观依据和内在逻辑，使治理体系及其运行既能符合社会良性运行规律，又能服务人的健康行动逻辑。

对于当代中国的国家治理体系来说，就是要把加强党的领导、人民当家作主、依法治国有机统一起来，使外在的强制性体系和社会规章能够转化为人的自觉行动，使社会治理体系与人的自我意识和自我约束内在结合起来。

这是一个极度复杂的社会有机系统，需要整体性建构并在系统运行过程中不断修正和完善。正是大数据技术体系给了我们这样的机会和可能，使治理体系能够全空间、全时间、全过程地进入社会系统的各个领域各个层次,使社会生活的各个方面、各个层次、各个领域、各个阶层都能够各居其位、各司其职、各尽其能、各得其所,都能够更好地发挥自己的作用,能够让自己的生命出彩。

第四,大数据促进国家治理方式的智能化。治理方式的智能化是大数据、信息化和智能时代的最直接要求。国家治理的智能化,其最本质特征就是自觉顺应社会信息化的大趋势,将大数据采集处理和智能决策体系纳入决策系统和治理系统,构建人工辅助智能决策系统。

这里我们应该特别清晰地认识到,大数据和信息化以至整个技术体系给我们带来的是双刃剑。我们自觉学习、运用大数据,强化智能决策,不仅可以深化社会认识和自我认识,还能帮助我们更好地洞悉社会发展中的萌芽和态势,发现社会风险,提升战略定力。

五、增强忧患意识,防范化解风险挑战

2019年9月3日,习近平总书记在中央党校(国家行政学院)中青年干部培训班开班仪式上发表重要讲话时强调:"在前进道路上我们面临的风险考验只会越来越复杂,甚至会遇到难以想象的惊涛骇浪。"这一段讲话反映了习近平总书记对中国社会如何更好走向未来的思考,以及在实现中华民族伟大复兴进程中可能面临的重大挑战问题的高度自觉,体现了强烈的忧患意识和责任意识。

从哲学尤其是历史唯物主义的角度来看,社会文明的进步本身就是一个越来越趋于复杂的过程。社会内部层次越来越高,结构越来越复杂,相互依赖越来越紧密,在这样的背景下,社会的不确定性剧增,社会风险也会越来越大。

从认识论的角度来看,社会进化的复杂性难以准确把握,往往使得人类智慧进步在其面前显得相对滞后;同时,面对新的文明形

态的涌现和挑战，人类有可能出现"智慧短缺"的现象，如果不能恰当、及时地提级增智，防范化解重大风险，就会面临更多严峻问题，甚至可能出现颠覆性错误。

当前，中国国内发展取得巨大成就，国际地位显著提升。然而，随着中国快速融入世界体系，中国面临着所有制形式多样化、生产方式多样化、地区差异扩大、阶层差异扩大等复杂情况，导致中国在经济、政治、社会、文化等方面的分化较为明显。

随着国际国内环境的复杂性相互碰撞，中国未来发展进程中的复杂性和不确定性程度会越来越高。其突出表现是"黑天鹅纷飞，灰犀牛涌现"，各种突发事件牵扯着中国发展的总体进程。另外，社会价值的日益多元化，对于如何更好地引领经济社会快速健康发展也提出了更高要求。

对此，首先，要加强全党的理论学习。认真学习马克思主义哲学，学习中国化的马克思主义，尤其是习近平新时代中国特色社会主义思想，以此提高思想站位，站在一个长远的、战略的、宏观的高度看待当代世界和当代中国，自觉把握全球治理变局及其对中国和平崛起的挑战。其次，要加强决策的科学化，强化大数据时代的智能决策。决策科学化对于当代中国极为重要，有助于自觉有效防范化解风险挑战。最后，要在全社会开展防范化解风险挑战警示教育。教育全党和全国人民对未来可能发生的复杂情况保持足够警觉，尽可能地增强共同意识，画好同心圆、增大公约数，努力地认识和应对各种形式的不确定性，让中国更好地行进在中国特色社会主义现代化道路上。

第七章

全球治理的中国方案借鉴

中国作为负责任大国,一贯履行公共卫生领域国际公法上的义务。面对全球性的危机,尤须保持开放心态,审时度势,将公共卫生安全提升为新时代国家安全战略,从构建人类命运共同体和全球善治高度与国际社会展开积极互动,学习发达国家公共卫生治理经验,建立全球公共卫生共识,推进公共卫生制度建设,提升应对重大突发公共卫生事件的能力和公共卫生治理效能,保障人民生命安全,共同在全球公共卫生领域探索合作路径,为地区和全球卫生安全作出新贡献。

第一节 全球治理变局与中国治理能力的时代性提升

中国的"十三五"是在全球治理体系的迅速变革中展开,"十四五"则在变局中开新局。中国既必须清晰认识和自觉适应这种变局,以消除其对于中国发展的不利影响,也应当积极参与并主动引领这种变局,使之成为促进自我发展的必要国际条件,为此必须自觉推进中国国家治理体系的全方位构建和治理能力的革命性提升。甚至可以说,通过内外兼修而构建起既能引领中国全面建成小康社会，又能有效适应和成功引领全球治理变局的中国治理体系，发展出真正"治国、平天下"的能力，既是中国和平崛起的必要条件，也是中华民族伟大复兴的重要标志。

一、深刻认识经济全球化与全球治理体系的互动关系

公正合理的全球治理体系既是人类文明整体进步的必要条件，也是世界格局健康发展的重要标志。

真正意义上的全球治理体系是在经济全球化和世界一体化的进程中形成和构建的。人类长期以来以民族和国度作为单位而在特定地域分散生存和发展。民族与国家间关系调适往往通过战争来解决，没有形成真正意义上的全球性关系，也谈不上全球治理。

近代以来，尤其是20世纪以来，随着世界现代化快速而又不平衡地发展，一些国家的经济和军事实力急剧膨胀，强行通过战争来改变与他国的关系，甚至改变世界的政治格局以至地缘版图。两次世界大战正是由此产生，给人类带来极大灾难，也呼唤着全球治理体系的构建。

第一次世界大战后的凡尔赛-华盛顿体系确立了帝国主义强国对亚非拉和太平洋地区的统治秩序，奴役殖民地半殖民地国家和人民。第二次世界大战后，美国、英国和苏联等战胜国通过《雅尔塔协议》等，重新划分世界版图和势力范围，建立了新的国际关系格局和全球政治治理体系。

联合国的建立和以美、苏、中、英、法五大国为安理会核心的"大国一致原则"，对于保护中小国家的安全与维护世界和平发挥了积极作用。"关贸总协定"和世界贸易组织等为战后经济重建和世界经济的一体化发展提供了重要的全球性经济组织，在全球经济治理中发挥了重要作用。布雷顿森林协定和相应建立的世界货币基金组织与世界银行等则为战后的全球金融一体化提供了必要的组织保障。

战后的世界秩序在相当长的时间里以美苏两个超级大国的争霸而展开,并通过由它们操控的资本主义与社会主义两大阵营而支配与调控。苏联东欧社会主义阵营解体后,形成"一超多强"的世界格局。美国在各方面一家独大,主导着全球治理体系及其演变方向。日本、欧盟、俄罗斯和中国等分别在经济、政治、军事和国际事务中具有一定优势而以自己的方式参与到全球治理的某些方面。其他各洲各国以不同方式在不同程度上活跃于各种力量之间。

　　由于世界多种力量处于不均衡和动态变化状态,全球治理体系变得更加多元、纷乱和复杂。美国"9·11"事件呼唤着全球性的反恐怖主义联盟,安全成为全球治理的紧迫主题,牵动着全球治理体系的演变。

二、深刻认识当前全球治理体系变局

　　当前全球经济、政治、军事、科技、文化和外交等呈现出极为复杂的交织状态,既展示着各国的实力与地位,考验着人类的智慧与秉性,也急速地推动着全球治理格局的深刻变革。

　　第一,和平从总体上看仍然是时代的总趋势,但如何有效管控战争则一直困扰着人类。战后世界总体上保持和平格局,但局部战争不断,如朝鲜战争、越南战争、阿富汗战争等,人类不时走到世界大战的边缘。

　　大国博弈不时挑动着各国的战争神经。战争的形式随着高科技的军事运用展示出全新形态。同时,安全威胁由传统领域渗透到非传统领域,形成传统安全威胁和非传统安全威胁交织的复杂局面。地缘政治、传统安全、战争风险、和平议程仍然是全球治理中的显性议题和严峻的问题。

　　第二,发展仍然是世界各国的普遍主题,但对发展道路的合理选择与经济治理体系的合理建构则一直困惑着人类。第二次世界大战以来,国家经济与全球经济相互交错,世界经济徘徊在经济自由主义与国家干预主义之间;全球经济一体化形成有机整体,其积极作用与负面作用同时呈现,甚至出现"一荣不一定共荣,一损却可能皆损"的复杂局面。战后先后发生的拉丁美洲债务危机、日本金融泡沫、东亚金融危机和美国次贷危机等严重影响世界经济发展,呈现出全球经济疲软甚至衰退态势。

中国的"十三五"规划指出,和平与发展的时代主题没有变,世界多极化、经济全球化、文化多样化、社会信息化深入发展,世界经济在深度调整中曲折复苏,但全球经济贸易增长乏力,国际金融危机深层次影响仍会长期存在,人类命运共同体在经济的负面相关性中更加鲜明地凸显出来。

第三,政治多极化加速拓展,地缘政治关系日趋复杂,政治体制与意识形态冲突仍然困惑着人类。全球化消解了不同国家之间的空间距离,也凸显了不同国家之间的经济政治和社会文化差异,加剧了国家间的利益纠葛与地位纷争。不同国家之间政治与意识形态差异甚至对立仍然存在,却又共同面临经济下行的压力,不得不在一定程度上携手合作,谋求共赢。

由于经济形势趋紧和利益分化,国家与地方保护主义再度抬头,地缘政治关系变得空前复杂与多变,全球治理体系面临深刻变革。联合国等国际机构的作用有所弱化,各种形式的全球性与区域性的政府间组织与非政府间组织风起云涌,各种形式的国际平台越来越多,作用越来越大。它们削减着全球治理中的大国力量,推动着全球治理的民主化发展。这既给各国参与全球治理提供了更多机会,也对其参与能力提出了更大挑战。

第四,文化多样化发展,文明冲突加剧,种族主义、宗教激进主义抬头,恐怖主义严重威胁着人类生存与安全。经济全球化使不同国家与民族在经济生产和社会生活中更加趋同,也把各民族保持文化特异性提升到了文化生命线的地步。恐怖主义的全球肆虐挑战着人类文明底线,也不时扰动着全球治理格局。

第五，社会信息化迅速扩展，新一轮科技革命和产业变革蓄势待发，立足于高科技的全球分工体系更加明晰，各国需要重新定位自我在全球生产和消费体系中的位置。互联网深刻地改变着全球的信息传输与交往方式，也几乎改变着世界的一切。"互联网＋"作为一种最为普遍的全球思维方式，既为全球治理提供了全新的手段，也提出了复杂的挑战。

三、中国"十三五""十四五"规划与治理能力提升

中国的快速发展在很大程度上改变了当今世界的经济政治格局，是推动全球治理变局的重要积极力量。中国和平崛起也需要推动全球治理体系向着更加有利于中国发展的方向前进。中国的"十三五"规划在推进中国国家治理体系和治理能力现代化方面作出特殊的谋划，为确立中国在全球治理中的话语权和主导权作出贡献。"十四五"时期，国家治理效能得到新提升是中国经济社会发展主要目标之一。

第一，从中国健康发展和世界合理化发展的全球战略高度深刻认识与合理定位全球治理体系及其演变方向。要深刻认识当代全球治理格局变化的多元基础、发展动力、演进逻辑、内在缺陷、问题根源和解决途径，准确预见全球治理体系的未来趋势和价值导向，继续丰富人类命运共同体等主张，弘扬共商共建共享的全球治理理念，以思想上的超前建构为实践上的合理设计提供思想引领和价值指导。

第二，善于依据全球治理格局未来定位统筹国内大局，自觉推进中国国家治理体系和治理能力现代化。我们要努力深化对于人类文明发展规律、国际关系演进规律、中国社会发展规律和共产党治国理政规律的认识，在发掘中国传统优秀治理文化、学习世界先进治理理论和发掘马克思主义治理理论的统一中推进全球治理和国家治理的思想创新、制度创新和政策创新，善于统筹经济、政治、

社会、文化、生态、政党、外交和国防治理，努力推进国家治理现代化，提升治国理政新境界，使中国的国家治理体系更加完整、更加成熟、更加定型，为全球治理提供更多更好的中国经验与中国方案。

第三，积极参与全球治理体系的变革，自觉履行发展中大国的世界责任，以内促外，努力提升在全球治理体系中制定规则的能力，确立中国话语权。一方面要坚定维护以联合国宪章宗旨和原则为核心的国际秩序和国际体系，维护和巩固第二次世界大战胜利成果，积极维护开放型世界经济体制，另一方面要勇于应对各种全球性挑战，善于给国际秩序和国际体系定规则，努力占领发展和道义制高点，提高在国际秩序和国际体系长远制度性安排中的地位和作用。要通过"一带一路"等倡议和亚投行等机构，建立以合作共赢为核心的新型国际关系，促进中国国内治理体系与全球治理体系的良性健康互动，引领全球治理体系向着更加公正合理的方向发展。

第二节 公共卫生安全与国家治理现代化

党的十八届三中全会将推进国家治理体系和治理能力现代化作为全面深化改革的总目标。公共卫生安全作为治理体系和治理能力的重要组成部分，尤其是2020年暴发的疫情，更激发了国家对推进治理体系和治理能力现代化的紧迫性要求。通过对疫情的总结，可以得到以下启发。

一、到底应当如何认识此次疫情对于中国和人类的挑战

疫情已经也应该成为我们特别关注的一个重大话题，甚至成

为一个时代性的主题。就全球的治理来看，疫情已是一个划时代的事件，而且根据这一事件可以划分为前疫情时代和后疫情时代，而这期间全中国和全世界人民的努力贯穿始终。前疫情时代有很多世界性的、中国的、经济的、政治的、社会的、文化的标志等，但是这些标志性的内容都由于疫情的袭来而发生了革命性、根本性的变化，甚至有的是颠覆性的变化。对于当前的中国和世界，一个非常紧迫的话题就是要深度认识疫情对人类具有构成时代性意义的挑战，也要认识各个国家、各个民族在挑战中所展示出来的价值差异、理念差异、制度差异、行为方式等。

针对这一问题，笔者在2020年1月28日就提出以"疫情防治与公共卫生治理现代化综合研究"为题的重大项目，并提出了10个相关课题，现在来看仍然非常有意义有必要。在疫情的发展和防控阻击过程中，几乎每一个阶段华中科技大学国家治理研究院都在持续进行关注和深度的研究，以提出对策和建议。现在来看，到2020年6月为止刊发在《国家治理参考》的"抗击疫情专辑"的117个建议案，可以说就是本次疫情阻击战的辅助历史，因为从WHO（世界卫生组织）将疫情界定为"国际关注的突发公共卫生事件"开始，华中科技大学国家治理研究院就开始研究如何应对，如早在2020年2月1日提出精准检测和分类隔离的建议。从建议加强社区网格化管理到后来应对社区防控中出现的各种各样的问题，如心态问题、社区服务问题、老龄等困难人群关注问题，再到后来病人的殡葬服务、谣言处置等问题。在这个过程中，中宣部曾直接向我们国家治理研究院下达指示，要求着重加大对"重大突发疫情对社会心态和思想舆论的影响研究"这一课题的研究力度，在极短的时间内华中科技大学国家治理研究院就完成了6万多字的研究成果，对问题进行了深度解读和分析。因此，对公共卫生安全的观察和研究思路一直以来都是从国家治理角度来的。

二、通过总结和反思疫情我们到底应该有什么样的观念变化与进步

首先,要将公共卫生安全提升到国家安全的战略高度。2014年4月15日,习近平总书记在主持召开中央国家安全委员会第一次会议时首次提出了总体国家安全观,并首次系统提出"11种安全"。但通过这次疫情,人们最深刻的感受就是,公共卫生安全是最基础性的安全,它可以颠覆其他一切的安全,所以应把公共卫生安全提升到国家安全的战略定位。

2020年6月,习近平总书记主持召开专家学者座谈会时又明确提出,"人民安全是国家安全的基石","人类健康是社会文明进步的基础",这就作出了非常准确的定位。公共卫生安全是国家安全的基础,也是全部社会文明进步的基础。按照我们对于人、自然、社会历史进程的理解,公共卫生安全应当成为国家安全战略的有机组成部分,这既是对当前观念的一个重大提升,也是从公共卫生安全的角度将我们的安全观加以拓展、充实和提升。

其次,我们需要更新的一个重要观念是,应把防疫与医疗内在结合起来。过去这两者分属两个体系,各自也都在加强建设,有一段时间我们觉得都建设得不错,也很有成效。这次疫情袭来,我们发现预防和防疫有多么重要,如果防疫和预警做不好,不仅后面的医疗体系难以做好,还会给人民的生命安全和身体健康带来极大危害。因此,只有建立起防疫与医疗内在结合、有机融汇的大防疫、大医疗、大健康体系,才能确保人民的生命安全、身体健康、生活幸福。

最后,关于人的理解要更加全面和一体化。中国共产党人不忘初心、牢记使命,以为中国人民谋幸福、为中华民族谋复兴为根本宗旨。这次疫情给了我们一个很大的警示,各个国家以至全球都将由以繁荣为目标的体系转向以安全为基础的体系,所以这样

一个新体系的构建对全球化、对现代化都会产生影响,对各个国家的治国理政也会产生非常深刻的影响,对每一个人也会产生影响。这也要求我们从新的更加全面的角度来理解人和人的生命价值。

目前看来可以从三个层面来展开:第一个层面是低端的人的生命安全,第二个层面是中端的人的身体健康,第三个层面是高端的人的生活幸福。从这样的意义上,我们要把一切人、每个人尤其是弱势群体的人都全部纳入这样一个体系中来。当我们讲人民利益至上时就要从这三个层面来同时考虑,这才是全面的对人民利益的理解。而我们的国家和社会治理体系也应建立在这样的基点之上。

三、我们应当建立一个什么样的强大公共卫生体系和国家治理体系

后疫情时代的医院如何建设?未来的国家重大医学中心应当如何建设?尤其是能够有效应对突发公共卫生事件的国家公共卫生体系应当如何建设?一个突出的感受是,现在不能就医学谈医学,就公卫谈公卫,最重要的是要把公共卫生体系提高到国家战略体系的高度,并且嵌入到经济社会发展中间去,让它成为经济社会发展内在的有机有序的不可分离的组成部分。尤其是复工复产复市复学,笔者曾经给湖北省委写过建议案,从当时的防疫阻击战到复工复市复学战,然后是经济社会全面开放发展战,三战全胜才是胜。在这个背景下如果不是建立起来了一个内置于社会并有足够敏感性、足够应对力、足够救治力的体系,我们的疫情防控很难取得积极成效。

再从国家治理的角度来思考,强大的公共卫生体系的构建,一是疫后的中国需要一个什么样公共卫生体系,才能既保障人民需要,又能支撑国家治理现代化。二是公共卫生治理体系的更新与发展需要什么样的国家治理体系作为依托和制度保障,这应当是

一个整体性的变革。而且还有与全球治理体系和公共卫生合作体系有机衔接的问题。真正的人类命运共同体，和单一的"一荣俱荣"很不一样，它更大成分是"一损俱损"，只要病毒还在世界上任何一个国家传播，全世界全人类都不会得到安宁。所以习近平总书记提出的生命健康共同体这个理念非常重要。

在此背景下，国家治理体系的革命性建构到底如何做？湖北省委是非常敏锐的，湖北也是全国为数不多把地方治理现代化、省域治理现代化提出来并以文件的方式来引领的省份。华中科技大学国家治理研究院承担的国家社会科学基金重大项目是"大数据驱动地方治理现代化综合研究"，我们深知，全球全国全省各方面乃至各地市都要推进治理现代化。在疫情中，国家治理研究院向武汉市委政法委提交了一项武汉社区分级分类治理的仿真研究，并在实践中加以采用，取得了积极成效。实际上这样一个体系就是从中央到地方到社区，从社区的问题再到全球的问题如何变成一体的解决方案。

四、如何创造更多更好的公共卫生服务产品

更新观念、构建体系，最后都要落实到创造更多更好的公共卫生服务产品。新时代的中国社会发展不再是计划经济，而是实行市场经济，中国特色的社会主义市场经济是市场的决定性作用和政府宏观经济调控相结合，那么从政府的角度，最重要的就是提供尽可能多的公共服务产品。

大家注意到习近平总书记在世界卫生大会上作了很多庄严承诺，积极为研制全球公共卫生产品贡献力量。在2020年6月的中非合作防疫对话会上，习近平主席再一次作出承诺。

中国社会已经发生了很大分化，人民对美好生活的向往包含很多的领域、很多的方面、很多的层次、很多的内容，我们要创造尽可能多和尽可能好的公共卫生服务产品，确保人民生命安全、身体

健康和生活幸福,并由此而真正彰显出我们的制度优势,强化我们的治理效能。

第三节　后疫情时代的世界体系演变与价值观重构①

　　2020年伊始疫情暴发后,湖北武汉度过了一段非常艰难的时光。华中科技大学位于这次疫情的中心,作出了很大的贡献,得到了全国和海外各方面的大力关心和支持。在这样的背景下,华中科技大学国家治理研究院召开以"新冠肺炎疫情与全球格局演变"为主题的视频会议。参会的都是国际国内的智库高手,尤其是在国际关系、中美关系、中非关系、中马关系等方面有着非常深入的研究。

　　从2020年1月28日开始,国家治理研究院一直在开展与疫情相关的对策研究。笔者在第一时间提出了10个课题,组织开展非常具体的疫情分析和对策性研究,并邀请多个学科的专家学者积极进行跨学科研究,先后撰写了108篇对策建议论文。2月25日,笔者被湖北省抗击新冠肺炎疫情指挥部聘任为综合专家组成员,并担任应急管理与城市安全运行专家组组长,又提出了10个课题开展研究,取得了一批成果。我们高度关注国际合作问题,撰写的第一篇抗击疫情的论文就是《强化国际公共卫生领域合作,共同应对新型冠状病毒全球挑战》,发表在《国家治理周刊》。

　　1月30日,世界卫生组织将疫情定位为"国际关注的突发公共卫生事件"以后,我们在2月1日专门撰写了《关于应对世界卫生组织宣布新型冠状病毒的全球疫情为"国际关注的突发公共卫生事件"的几点建议》,被中共中央政策研究室《群言》内参采用。

---

① 欧阳康.后疫情时代的世界体系演变与价值观重构[J].决策与信息,2020(11):5-9.(有修改。)

中国工程院也邀请笔者作为课题咨询专家,开展疫情风险溢出问题的评估与对策研究。在这个过程中我们应中央和省里的要求,几乎每10～15天提交一份国际国内疫情风险分析和对策研究材料。在此期间,对疫情带来的巨大影响产生了新思考。结合这些思考,在视频会议上,笔者围绕"后疫情时代的世界体系演变与价值观重构"议题,就三个关键词阐明三层问题。

一、后疫情时代意味着什么?

2020年本该是一个祥和的年度。中国人民正按计划奋力全面建设小康社会,世界各个国家也都在按照各自的规划路径发展与进步,但疫情带来了新问题。首先在我国,疫情是新中国成立以来遭遇的传播速度最快、感染范围最广、防控难度最大的公共卫生事件。世界各个国家也都在疫情的冲击下走上了一条完全不同的道路,有的甚至出现了灾难。我们强调世界正面临百年未有之大变局,它会变向哪里?其变化的方向和路径是什么?需要我们保持哪些战略定力?需要积极谋划和应变什么?

在笔者看来,这次疫情在三个方面具有时代性的作用。

一是具有催化剂的作用,从生存危机的底线上把个体、民族、国家与人类内在地联系起来了。其实它们之间一直有着内在的联系,但这次被新冠病毒从生存危机上联系起来了,甚至比一般自然灾害更为严重,即便是全球变暖也没有达到如此严峻的程度和全球性影响。

二是具有加速器的作用,在很短时间内几乎将相关国家所有层面的社会矛盾都集中暴露出来了,从个体、家庭、社会、国家到国际,从生命、身体、医药、卫生、经济、政治、文化到国家治理体系、治理能力等都汇聚交织在一起。

三是具有牵引器的作用,各国疫情的抗击方式和是否有效表明了各个国家的治理体系差异甚至展示着制度优劣,彰显着每一个人、每一个族群的人性善恶、品性优劣,甚至也引领着特定国家的未来发展方向。

疫情作为一个时代性的标志,我们至少可以从中看到四件事:

第一,它对人类的生存构成了一次大危机大挑战。虽然历史上在100年前曾经有过像"西班牙大流感"那样的疫情,人们却似乎有所淡忘。但这次如此严峻的疫情却真实地发生在我们的身边。我们这代人以前很难想到还会亲身经历这样一次重大疫情。

第二,它是人类认识史上的一个巨大挑战。笔者在《哲学研究》2020年第2期作为头条发表了文章《认识的极限及其超越:认识论研究的一个重大前沿问题》,阐释了"人类认识何以存在极限",指出认识能力是人类在历史和现实活动中不断变革和改进的核心主体能力。这么多年来人们关注认识论、社会认识论,关注认识的极限,而这次疫情恰恰暴露了人类的认识极限,人类的妄自尊大受到严重挑战。疫情期间,人们逐步认识新冠病毒,了解认识它源自哪里,宿主是什么,有没有中间宿主,病死率如何,为什么出现这么多无症状感染者,等等。

第三,它对各国以及全球治理体系构成了一个巨大挑战。在疫情面前,无论是发达与落后、现代与前现代以至于后现代,从个体到群体到人类,从分散到集中都无可避免,给人类带来了前所未有的挑战。无论是对发达国家还是对落后国家,疫情的挑战都表现得非常突出。

第四,它对人类价值观念形成了巨大挑战。从宏观来看,大到何为现代化、全球化,要不要继续进行现代化、全球化?逆全球化是否会成为主流?从中观来看,到底是经济至上还是生命至上,对每个国家而言都是一个至关重要的艰难选择。从微观来看,要不要隔离、要不要戴口罩,人们都争论不休。美国有人为反对隔离而扛枪上街示威,英国政府一度保持着"不推荐使用口罩"的建议。

笔者认为,这次疫情有可能成为一个划分时代的标志,并以此为界带来一种可以称为前疫情时代和后疫情时代的变化,影响着世界体系的未来演变及深刻变革。

二、后疫情时代的世界体系以及演变趋势

(一)后疫情时代对于世界经济体系意味着什么？

现在看来，疫情过后世界经济的衰退是必然的。在近代经济史和美国发展史上，美国股市在10天里发生4次熔断；国际期货市场的石油曾卖到-37.63美元/桶，这都是超出人们想象的。"经济主权"问题引起了各个国家的特别关注，很多国家可能会在疫后走向"小而全"的生产体系。全球经济链是否还会存在？相信还会存在，但可能会有相当程度的变异。在这一背景下，经济全球化是否会结束？相信不会结束，但一定也会产生一种变形。各个国家会把国计民生的关键项目、安全项目、民生项目把握在自己手上，因为以安全来带动的经济体系和以繁荣来带动的经济体系的价值取向是很不一样的。

(二)后疫情时代对于世界政治体系意味着什么？

在这次世界范围内的疫情防控中，不同国家的抗疫方式是依据各自国家的国情来制定的，不同国家在抗疫模式上的差异其实展示出不同制度的特色，也展示出不同的治理特色和水平。中国的抗疫取得了积极成效，但中国抗疫模式是全世界其他任何一个国家都很难效仿的。面对疫情，不同制度之间有形无形地会进行一种比较和抗争，不同国家采取不同的举措来保全经济发展。一百年来没有一次像这次全球公共危机这样，这些都会对世界地缘政治带来非常深刻的影响和变化，世界的多极化趋势将因此更加明显，多极形态下会产生很多非常复杂的问题。

（三）后疫情时代对于全球治理体系意味着什么？

不言而喻，第二次世界大战以来的全球治理体系面临很大的挑战，甚至联合国、世界卫生组织、世界贸易组织等都受到了某些国家的责难和质疑。美国以不断"退群"来企图推动全球治理体系重构，也导致地域政治更加复杂化，这是否会产生一种新国际秩序？总的来看，多极化的发展会变得越来越无序，国际体系会以新的方式来重组。美国自己在很多方面放弃了自己的领导权，以美国为主导的国际体系正在美国的推动下逐渐消解。

（四）后疫情时代对于美国意味着什么？

伴随着当时疫情愈演愈烈，美国社会的内部撕裂愈加严重，特朗普政府没有展示出作为世界第一大国的领导力。客观说，美国作为世界领导者地位的衰退会令美国价值观发生一些影响和改变，美国民主党与共和党通过特朗普的极端化方式和纷争也会对美国价值观作出必要调适。这些调适哪些合理，哪些不合理？哪些对未来的世界发展产生积极作用，哪些会产生消极作用？人们将拭目以待。

（五）后疫情时代中国如何在世界的不确定性中更好地走向未来？

现在看来，中美关系的不确定性越来越大。中国已经被美国总体上视为战略竞争对手，这将对世界、对中国，以及对美国的多边关系带来重大影响。中美关系会给世界带来什么样的影响？都需要认真观察、深入研究。

三、后疫情时代的价值观重构问题

笔者曾应邀为《光明日报》写了一篇题为《疫情防控阻击战与

中华民族的精神升华》的文章，从三个方面论述了中国的抗疫精神。世界卫生组织（WHO）总干事谭德塞先生就全球抗疫专门在推特上发文，涉及很多有价值的概念，如团结、人文、联合、爱、价值、庆幸、谦虚、勇气、坚持等。由于美国"退群"、断供和"甩锅"，WHO面临着非常严峻的困难和挑战。谭德塞先生在严峻疫情下重申这些概念，呼唤维护国际公共秩序的良知。在疫情背景下，世界不同价值观从普遍性到特殊性都面临很大的挑战，各种价值观重构不可避免，需要我们在以下几方面重新认识。

一是关于人与自然关系的重新定位。现在我们对自然的认识仍然处于非常有限的状态，我们对宏观自然和微观自然认识比较多，而对于宇观自然、渺观自然还有胀观自然的认识都还存在很大的差距。

二是生命的意识需要前所未有地加强。中国共产党的初心使命是为人民谋幸福，讲的是生活幸福。公共卫生安全涉及生命安全，涉及身体健康，还涉及生活幸福，没有前两者，后者就没有意义。

三是关于人性的善恶。疫情把人性中最善良的东西表现出来了，我们看到了疫情中太多的"逆行者"。在疫情最为肆虐的时候，中国成千上万的医护人员和志愿者都勇敢地冲到了湖北武汉的抗疫第一线，世界上很多地区也都出现了一些感人的场景。但同时，这场疫情也把有的国家、有的族群、有的人群、有的个人的邪恶都暴露出来了。这些大善与大恶在疫情下通过国家体系甚至国际体系得到了极度的放大和回眸，让崇高者自豪，让卑劣者汗颜，让芸芸众生眼亮心明。如何让人类有一种更好的道义意义上的自我认知，已经变得非常紧迫。

四是关于个性自由与社会性合作。我们一直强调自由、民主、平等、博爱等，但这次疫情使人们深深感受到个性自由与社会约束之间需要有一个张力，即便在发达国家也是如此。如何在未来建构起既能够保证个性自由，又能够让民众承担起自身的公民责任的社会体系,并且使社会有更加合理的组织方式,需要人们思考。

五是人类命运共同体的构建。习近平主席提出的构建人类命运共同体理念在疫情中从底线上得到了印证,引起很多国家的共鸣,给了我们极大的启示。人类命运共同体的构建涉及很多方面,也面临各种各样的挑战,如国家主义、种族主义、单边主义,甚至恐怖主义等。我们一方面要立足于高端,从谋求共同繁荣的角度来思考,另一方面也要立足于底线,从人类共同生存的角度来加以思考。

疫情对人类尤其是中国提出了极为严峻的挑战。在我们走向未来的过程中,如何更好地实现精神的自觉,如何更好地构建中华文明新形态?希望在既立足学科又跨越学科、既立足中国又关注世界、既立足当下又面向未来的基础上深入研究,并取得更多的积极成果。

结　语

直面高风险和不确定世界 促进人类文明进步[①]

　　自2020年以来,新冠疫情带来的影响和中国共产党带领全国人民以各种方式开展阻击战及其成效都值得好好总结。立足于对当前中国抗疫已有经验的全面总结,结合疫情暴露出短板的分析,以及人类如何在与自然相处的过程中发展自我的问题,可作进一步探讨。

　　一是抗疫经验的总结。回顾中国抗疫的发展历程、成功做法、取得成就和主要经验,我们看到了一线的救护人员、管理一线的领导干部、身处一线的学者等的发言,他们的探讨各有侧重和特点。在这一次突如其来、震惊全世界的疫情面前,阻击战取得的成效绝对不是单一因素在发生作用,而是多种因素复合式、综合性发生作用的结果。这其中的一些重要的关键节点,如中国共产党的坚强领导,习近平总书记亲自指挥、亲自部署,联防联控机制的特殊作用,全国一盘棋,医护人员的救死扶伤,各级干部的尽职尽责,全国人民的万众一心,每一个单位、人员的尽职尽责等。各个国家制度之间的差异在疫情面前显露无遗。中国共产党全心全意为人民服务、无条件地以人民生命安全为坐标,美国总统特朗普曾轻描淡写

[①] 由"构建强大的公共卫生体系与国家治理现代化"研讨会闭幕词整理而成。欧阳康.直面高风险和不确定世界,促进人类文明进步[J].决策与信息,2021(1):8-10.(有修改。)

一句"新冠病毒不过一阵风,很快可以过去",英国首相约翰逊说"群体免疫",这些说法简直不可思议,但这也是政治。世界上几个发达国家在这次疫情中暴露出来的核心问题之一,就是价值观念的问题。在此背景下中国抗疫的成功经验需要从各个方面各个层次继续加以总结。中国抗疫白皮书虽然已经做了很好的总结,但我们仍有必要从每一个人的生命体验来感悟它,这样才能把这样一次国家的经历、人民的经历、每一个人的经历真正变成一种宝贵财富。

二是关于当前短板的分析。习近平总书记一直强调要补短板、强弱项。什么是短板?比如王绍光老师从思想短板和制度短板两个方面展开的分析就非常富有建设性。实际上补短板也是人类文明进步必要的前提条件,人类只有知道自己的不足才能更好走向未来。对于中国抗疫中暴露出来的短板,在抗疫过程中我们就在不断地及时地加以弥补,这也不断地完善着我们的抗疫举措。中国共产党对干部实行问责,数千干部离开自己的领导岗位深入一线,这体现出中国共产党的责任意识和责任体系也是补短板作用的组成部分。而这里最为关键的还是认识能力的短板,还有许多方面需要进一步总结。一方面是抗疫中应对极为复杂和迅速变化的疫情时,每一个环节怎么样做得更好;另一方面是要面向一个更加宏大长远的、建设性的、创造性的中华文明来认识我们今天尚存的短板,并加强建设。

三是下一步的努力方向。按照习近平总书记的要求,要建立一个强大的公共卫生体系,推进国家治理体系和治理能力现代化。华中科技大学国家治理研究院白建院以来一直关注国家治理问题的研究,到2019年党的十九届四中全会,集中关注如何将国家制度优势转化为治理效能。本次抗疫实实在在地把中国特色社会主义制度优势转化为治理效能,如何面向极度多样化、价值博弈和严重不确定性的未来世界,促进世界文明进步和中华新文明形态的构建?

笔者认为,本次新冠疫情具有划分时代的意义,不少人对此表示了认同,并认为对这一问题的深入探讨非常有意义。

划分什么时代?过去人们觉得世界运动是有规律的,世界的逻辑是可以去认识和把握的,我们可以有预见性地应对世界发展中的各种问题。现在却发现,我们越来越缺乏这样一种能力,这样说并不意味没有信心,而是说我们正面对着一个越来越不确定的世界,而且是不确定度越来越高、不确定的领域越来越广、不确定问题越来越复杂的这样一个世界。这也是这次新冠疫情给人类带来的最大挑战。

在这一背景下如何去超越从个体到群体到政党到民族到人类的短板?笔者研究哲学,始终在关注的一个问题就是极限的问题,并对哲学的理解之一叫作致极性,人们立足于有限追求无限,达不到无限就到了极限,极限不断地拓展就有了人类的进步。

之所以说新冠疫情成为时代性标志,就在于它最充分和最全面地暴露了人类的短板,如果这些短板不能被认识和反思,就很难真正说我们认识了新冠疫情,很难说懂得了它给我们提出的挑战和对我们的发展所提供的机遇。

那么,人的短板在哪里?最少是三大短板:

一是对整个自然界的复杂性的认识要重新评估。一方面我们很庆幸终于度过了这一段艰难时期,另一方面我们还很惭愧,我们一直在研究病毒是怎么产生,是单一源头还是多种源头,怎么进入人类,通过什么途径传播。疫情暴发时期,我们写的第四篇建议案就是关于粪口传染的问题,一路走来也还有各种争论,我们已经跟这样一个病毒持续战斗了很长一段时间,那些诸如对象性、前提性和基础性的问题依然很难有清晰精准的判定。这是对于人类过去的狂妄和自大的一次严肃批判。我们必须要认真总结经验,尊重并努力探索自然界的极度复杂性、多样性。

二是认识人自身实践能力的有限性。抗疫开始后很长一段时间内,全球都没有形成一个规范性的非常有效的治疗方案,没有特效药,这一个事实表明人在处理和自然关系的过程中其实还有严重的能力不足。

我们一直讲人的最重要能力就是思想力和行动力,苏格拉底说有思想力的人才是万物的尺度,我们人应当成为有思想力的人。马克思说,"哲学家们只是用不同的方式解释世界,问题在于改变世界"。怎么改变世界？这就要求我们成为有行动力的人。而无论是从思想力还是从行动力的角度看,这次新冠疫情都把人类的短板和极限暴露无遗,在这方面需要充分认识人与自然的关系。

三是人性的复杂性问题。人如何组织起来去认识自然、顺应自然、运用自然和发展自然,最终需要发展自身。当我们以这样一种价值取向来面对自身时,我们看到人的善与恶都在疫情中得到了放大。

一方面,我们看到了人性的善良,例如看到这么多医护人员冒着生命危险仍然冲在救治病人第一线;另一方面,我们看到人性之恶也在疫情传播中得到了极度放大,人性的各方面都被激发和释放出来了。例如在美国本来带有正义性的黑人申冤活动变成了全国性的打砸抢,疫情演进过程中的各种诈骗活动上演。

在人类面对如此特殊的困难时不仅是激发善良之心,邪恶之心也同步展现出来,让我们感到可怕可憎可恨。如何激发人的善良、美好、合作、互助等积极方面,克服极限,发展自我,是疫后社会建设的重要任务。

正是在这样的背景下我们来深入讨论公共卫生安全问题、公共卫生治理问题,建设强大的公共卫生体系,推进国家治理现代化问题,加强全球治理现代化,推进全球善治等,才更体现了其现实意义。新冠疫情发生以来,各种制度之间的差异性,甚至某些制度中存在的恶性和深层次问题都暴露出来了,促使人类思索并积极重构整个社会体系。整个世界变得更加复杂、多变,充满不确定性,成为更加高风险的社会。如何重构后疫情时代的人类文明？我们主张,应当趋向于一个新的更高端的人类文明。我们希望人类、国家和民族都能更加建设性地不断发展,发展前提就是认知自我、克服极限,不断去寻求超越;希望通过研讨总结这次疫情的经验,所有人从中变得更加聪明、善良,善于合作,更加自觉趋向于一种更高形态的文明。我们都来共同努力做一个新时代文明人,创造更加美好的新的文明形态。

参考文献

[1] 欧阳康.强化国家治理研究中的价值取向与善治导向[N].光明日报,2015-04-22.

[2] 斯蒂格利茨.对我们生活的误测:为什么GDP增长不等于社会进步[M].阮江平,等译.北京:新华出版社,2011.

[3] 伊金斯.生存经济学[M].赵景柱,等译.合肥:中国科学技术大学出版社,1991.

[4] 罗伯特·弗兰克,本·伯南克.宏观经济学原理[M].李明志,译.北京:清华大学出版社,2010.

[5] 习近平.之江新语[M].杭州:浙江人民出版社,2007.

[6] 王金南,等.关于绿色GDP核算问题的再认识[J].环境经济,2007(9).

[7] 苏为华.多指标综合评价理论与方法研究[M].北京:中国物价出版社,2001.

[8] 康德.逻辑学讲义[M].许景行,译.北京:商务印书馆,2011.

[9] 中共中央马克思恩格斯列宁斯大林著作编译局.马克思恩格斯选集:1—4卷[M].北京:人民出版社,2012.

后 记

中国何以能够在疫情防控中取得积极成效？这里有很多经验值得总结。从价值取向、制度体系和实施效能一体化的角度思考，可以看到，人民利益至上的精神内核、众志成城的家国情怀、守望相助的共同体意识，在助力我们坚决抗击疫情的同时，也赋予中华民族精神以新的时代内涵。

人民利益至上的精神内核：以确保人民生命安全和身体健康为价值取向

人民利益至上不是一个新命题，而是一个老原则。中国共产党人的初心和使命，就是为中国人民谋幸福，为中华民族谋复兴，这是激励中国共产党人不断前进的根本动力。面对汹涌袭来的新冠疫情，坚持人民利益至上，就是为中国人民保生命安全、保身体健康。在疫情防控阻击战中，中国共产党和中国人民对人民利益至上的精神内核有了进一步的认识。

第一，对人民利益的多层次内容和优先选项有了更加深入的认识。什么是人民的利益？这有着多方面、多层次、多领域、多程度的丰富内容。一般来说，可以将其分为经济、政治、社会、文化、生态等不同方面。此次疫情，把生命安全、身体健康、生活幸福作为人民利益的重要维度凸显出来。

从价值层面说,生命安全是前提,身体健康是基础,生活幸福是目标。突如其来的疫情,使人民群众生命安全和身体健康受到威胁,美好生活的主体性存在遭遇到挑战。在此危急时刻,必须把保护人民群众生命安全和身体健康作为优先选项,唯此才是从根本上维护最广大人民的根本利益。

第二,对坚持人民利益至上的内涵有了新的认识。坚持人民利益至上,不是抽象的概念,而是具体的原则;不是时有时无、可有可无,而是在任何时候、任何条件下都必须坚定不移地坚持。

疫情汹涌袭来,如果不能采取果断措施遏制上升势头,阻断其蔓延,人民群众生命安全和身体健康必然面临不可预测的威胁。党中央果断作出正确选择,宁可接受一定时期经济发展的严重损失,也要把人民群众的生命安全和身体健康放在第一位。

在疫情防控中,我们看到,老年人是易感群体,加上各种类型的基础性疾病,很多成为危重症病人,但经过医护人员竭尽全力救治,很多高龄重症患者得到康复。在这次疫情防控阻击战中,中国人民从总体到个体的生命安全和身体健康都被放到了最重要的位置上。

| 众志成城的家国情怀:以举国体制和万众一心彰显制度优势

党的十八届三中全会首次提出"推进国家治理体系和治理能力现代化",党的十九届四中全会专门研究并提出"把我国制度优势更好转化为国家治理效能"。这次疫情是对我国国家治理体系和治理能力的一次大考。在抗疫中,我们将举国体制与万众一心内在结合起来,激发出众志成城的家国情怀,彰显了中国特色社会主义制度优势,并将其转化为抗击疫情的强大效能。

第一,以总体性、全层次、多形式的举国体制抗击疫情,彰显制度优势。疫情暴发后,党中央果断决定关闭离汉通道,湖北的其他16个市州相应跟进,全国各地相继启动重大突发公共卫生事件一级响应,迅速形成了全面动员、全面部署、全面防控的格局。

习近平总书记多次主持召开重要会议,指挥部署并作出重要讲话和重要批示。党中央成立应对疫情工作领导小组,该领导小组在中央政治局常务委员会领导下开展工作。向湖北等疫情严重地区派出指导组,推动有关地方全面加强防控一线工作。全国各地支援武汉,军地结合、平战结合,形成了全国一盘棋,展示出抗疫共同体的特有生机与活力。

第二,动员起全国人民支持和参与,形成万众一心、众志成城的感人局面。党中央一声令下,全民响应,14亿中国人民构筑起群防群控的人民防线。基层党组织战斗堡垒作用和党员先锋模范作用不断彰显,在疫情防控中发挥了重要作用;基层社区工作者勇挑重担、甘于奉献,社区成为疫情防控的坚强堡垒;无数社会工作者、志愿者、快递小哥冲锋在前、无私奉献;武汉人民识大体、顾大局,支持抗疫。广大中国人民用自己的实际行动展现出中国力量、中国精神。

第三,形成了具有鲜明时代特色的家国情怀,彰显出中华优秀传统文化的当代价值。孟子说:"天下之本在国,国之本在家,家之本在身。"家是国的基础,国是家的延伸。在中国人的精神世界里,国家与家庭、社会与个人,都是密不可分的整体。"国家好,民族好,大家才会好"。"小家"同"大国"同声相应、同气相求、同命相依。在抗疫中,每个人的生命体验都与家的命运、国的命运紧密相连。

从国家治理体系的角度看,保护国家安全、民族安全,就是要保护好每一个人的健康,保护好每一个家庭的安全。从每一个个体来说,保护好自己的安全,保护好家人的安全,就是在保护国家安全、为国家尽责。正是在这里,我们看到通常所说的"忠"与"孝"的统一,看到"修身、齐家、治国、平天下"在当前所具有的特殊意义。爱国主义、集体主义、民族凝聚力与重视个人安全、重视家庭健康、尊重社会规则、保护乡土安全、履行公民责任等内在结合起来，每个人通过不同方式为抗疫作出自己的贡献。

| 守望相助的命运共同体意识：激发巨大潜能，提升治理效能

疫情引发的公共卫生安全风险，构成了对全人类的挑战，也前所未有地提升了中国人民和世界各国人民守望相助的命运共同体意识。

第一，构建守望相助的命运共同体以提升治理效能。疫情防控中，全国人民守望相助，构建起了多种形式的抗疫共同体，如生活共同体、社区共同体等，在抗击疫情中发挥了重要作用。在这些共同体中，从个体到家庭、楼栋、小区、社区、城市乃至全国，从保护自我健康，到保护家庭安康，再到创无疫情小区、社区等，人们的智慧与热情、使命与责任意识被激发出来，中华民族最可宝贵的精神品质得到彰显，爱国精神、奉献精神、牺牲精神、团结精神、仁爱精神、担当精神、奋斗精神、合作精神、志愿精神等，汇聚成为命运共同体意识，从不自觉到自觉地贯注到全体民众的公共意识之中，成为当代中华民族精神的重要时代内容，化为守望相助的具体行动，不断提升社会治理效能。

第二，拓展和深化了对人类命运共同体的理解。习近平总书记提出的构建人类命运共同体的主张，强调各国之间相互依赖、休戚与共的特殊关系，并将之作为全球治理的基本前提。疫情凸显了这一主张的重要性，并丰富了人们对这一主张的认识。

人类命运共同体是以各国为单元，以人类为整体展开的，是指不同国家和民族之间你中有我、我中有你，相互依存、相互支持，共同构成人类社会生产生活的有机整体，在此共同体中，不同国家和民族共谋发展，共创属于人类的整体辉煌。特别是在遭遇到天灾人祸、重大风险挑战之时，各国携手互助、共同抗击。疫情的发生严重威胁到每个人的生命安全、威胁到各国的国家安全，没有任何国家能够单独应对，这使人们更加深刻意识到构建人类命运共同

体的现实重要性。

第三，以人类命运共同体理念支持全球抗疫，推动全球公共卫生治理现代化。2020年，新冠疫情曾在国际上形成了大流行状态，遍布世界上绝大多数国家和地区，短期内确诊病例和死亡人数急剧增加，疫情呈现迅速蔓延态势。让人担忧的是，对人类的生命安全和身体健康带来极大的威胁。

疫情所造成的次生灾害正在显现，全球生产链条受到影响。正是在这样的严峻背景下，习近平主席2020年3月26日晚在北京出席二十国集团领导人应对新冠肺炎特别峰会并发表题为《携手抗疫 共克时艰》的重要讲话，介绍中国经验，阐述中国方案，提出中国倡议，表明中国担当，展现了中国负责任大国形象和人类命运共同体理念的重要价值。国际社会精诚合作、共同应对，为尽快有效控制疫情、尽早打赢疫情防控全球阻击战注入了强大力量。

可以说，此次抗疫过程中，党中央的种种硬招实招，让全国人民看到，中国共产党人的初心和使命，就是为中国人民谋幸福，为中华民族谋复兴。我们需要认真总结抗疫阻击战中得出的重要经验，聚焦常态化疫情防控，努力构建以公共卫生安全为基础的多层次保障体系，为中国社会未来长期健康发展打造更加坚实的社会治理格局。

本次疫情凸显了公共卫生和公共卫生安全的极端重要性。应当看到，公共卫生安全涉及人的生命安全和身体健康，是人类生存和生活的前提，是经济社会发展的底线、国家安全的底线，也是国家安全观的重要内容。因此，我们亟须构建立足于公共卫生安全观基础之上的国家安全观。

同时，本次疫情也告诉我们，必须把防疫和医疗作为一个有机体系加以构建，将科学防疫和有效治疗有机结合，提升防疫体系的地位，构建中国特色现代公共卫生安全保障和公共卫生治理体系，并将其纳入国家治理体系。这不仅会更加丰富和强化中国国家治理体系的应有内容，也能使全面的公共卫生安全保障和公共卫生治理能力得到足够的支撑,并更好地转化为国家治理体系效能。

我们应把在疫情阻击战中建立起来的疫情发现、风险预警、精准检测、科学治疗、社会保障等防控举措体系延续下来,创造更多更好的公共卫生服务产品,更好满足多层次社会成员的公共卫生服务需要,加强人们公共卫生安全意识,自觉采取更加健康的生产、生活和交往方式,构建起与经济社会发展和人民生活相融合的新型公共卫生安全保障和公共卫生治理体系,将疫情阻击战中展示出的制度优势转化为社会发展优势。

图书在版编目(CIP)数据

国家治理现代化的中国智慧 / 欧阳康著. —武汉:华中科技大学出版社,2023.12
ISBN 978-7-5680-9871-7

Ⅰ.①国… Ⅱ.①欧… Ⅲ.①国家-行政管理-现代化管理-研究-中国 Ⅳ.①D630.1

中国国家版本馆 CIP 数据核字(2023)第 152375 号

国家治理现代化的中国智慧

欧阳康 著

Guojia Zhili Xiandaihua de Zhongguo Zhihui

策划编辑:	周晓方 杨 玲
责任编辑:	杨 玲 殷 茵
封面设计:	原色设计
责任校对:	刘 竣
责任监印:	周治超

出版发行:华中科技大学出版社(中国·武汉) 电话:(027)81321913
　　　　　武汉市东湖新技术开发区华工科技园 邮编:430223

录　排:华中科技大学惠友文印中心
印　刷:湖北新华印务有限公司
开　本:710mm×1000mm　1/16
印　张:14　插页:2
字　数:200 千字
版　次:2023 年 12 月第 1 版第 1 次印刷
定　价:88.00 元

本书若有印装质量问题,请向出版社营销中心调换
全国免费服务热线:400-6679-118　竭诚为您服务
版权所有　侵权必究